AF295134

Valmistautuminen
Karitsan häihin

" Laulun aika on tullut, ja metsäkyyhkysen ääni kuuluu maassamme"

Laulujen Laulu
RAAMATUN RAKKAUSLAULU osa 1.

Valmistautuminen
Karitsan häihin

" Laulun aika on tullut, ja metsäkyyhkysen ääni kuuluu maassamme"

Leo Nikkola

2. painos 2021
1. painos 2020

Taitto: Matti Lahtinen, Nehemia media
Kansikuva: Tuomas Kämäräinen
Kansikuvan synty (Liite 3)
Kustantaja: Nehemia media, Turku, 2021
Kirjassa käytetään Raamatusta vuoden 1933/38 käännöstä, ellei toisin mainita.
Valmistaja: BoD – Books on Demand, Norderstedt, Saksa
Isbn: 978-952-711-113-0

Sisällys

LUKIJALLE

Minä seison vartiopaikallani, asetun varustukseeni ja tähystän, nähdäkseni, mitä hän minulle puhuu, mitä hän valitukseeni vastaa. Ja Herra vastasi minulle ja sanoi: "Kirjoita näky (tässä: hääasusta) ja piirrä selvästi tauluihin, niin että sen voi juostessa lukea." Sillä näky odottaa vielä aikaansa, mutta **se rientää määränsä päähän,** *eikä se petä. Jos se viipyy, odota sitä;* **sillä varmasti se toteutuu,** *eikä se myöhästy. (* *Hab. 2:1-2)*

Laulujen Laulu on juuri tällainen näky – suuri näky hengellisestä kasvamisesta, hääasuun pukeutumisesta, Karitsaa ja Karitsan häitä varten. Tulee aika ja on jo, jolloin morsiussielut huudahtavat: *Iloitkaamme ja ja riemuitkaamme ja antakaamme kunnia hänelle, sillä Karitsan häät ovat tulleet, ja hänen vaimonsa (gyne) ja morsiamensa (nymfe) on itsensä valmistanut. Ja hänen annettiin pukeutua liinavaatteeseen (aivinapellavaan) hohtavaan ja puhtaaseen: ja se liina on pyhien vanhurskautus." (Ilm. 19:7, 8; 21:9)*

Herra on nähnyt hyväksi antaa meille hääasun pukeutumisohjeet Kuningas Salomon kautta. Laulujen Laulu on ollut lukittuna kolmentuhannen vuoden ajan. Nyt, kun on tullut aika, Laulujen Laulu avataan tätä viimeistä sukupolvea varten. Karitsan häät ovat lähellä. *Autuaat ne, jotka ovat kutsutut Karitan hääaterialle. (Ilm. 19:9)*

Yösydännä kuuluu huuto: "Katso, ylkä tulee! Menkää häntä vastaan." Silloin kaikki nämä neitsyet nousivat ja laittoivat lamppunsa kuntoon. Ja tyhmät sanoivat ymmärtäväisille: "Antakaa meille öljyänne, sillä meidän lamppumme sammuvat. (Matt. 25:6-8)

RAKENTUMINEN HENGELLISEKSI HUONEEKSI:

Tämä rakentuminen tarkoittaa Laulujen Laulussa pukeutumista Karitsaa ja Karitsan häitä varten. Paavali kirjoittaa: *ettekö tiedä, että te olette Jumalan temppeli ja että Jumalan Henki asuu teissä... sillä Jumalan temppeli on pyhä, ja sellaisia te olette. (1. Kor. 3:16)*

Paavali ja Pietari kehottavat meitä rakentumaan hengellisinä huoneina ja hengellisiksi huoneiksi (Ef. 2:20-22; 1. Piet. 2:4,5).

Jumalan Moosekselle antamassa ilmestysmajassa oli kolme sisäkkäistä osaa: esipiha (ruumis), pyhä (sielu) ja kaikkein pyhin (henki). Jeesus kertoo Nikodeemukselle, että rakentumisen tie vie esipihan kautta (Joh. 3:3) sisälle temppelin salattuihin kammioihin, sisälle Jumalan valtakuntaan (Joh. 3:5). Tämä tie on uudestisyntyneelle uskovalle hengellisen kasvu tie: kolmen esiripun kautta kaikkein pyhimpään.

On käynyt ilmi, että Laulujen Laulun neljä ensimmäistä lukua rakentuvat kolmesta keskenään sisäkkäisestä temppelistä: edellisen temppelin kaikkein pyhin on seuraavan temppelin esipiha. Näin morsiussielu käy lopulta seitsemän portin, seitsemän esiripun, kautta kaikkein pyhimmässä armoistuimen eteen. Hän on silloin pukeutunut täydelliseen hääasuun, jossa ei ole yhtään virhettä. Hän on saavuttanut kuninkaallisen pappeuden aseman; *joka voittaa, sen minä teen pylvääksi Jumalani temppeliin, eikä hän koskaan enää lähde sieltä ulos. (Ilm. 3:12)*

Luku seitsemän on Jeesuksen henkilökohtainen luku. Jeesus sanoo, että "hän on portti ja tie". (Joh. 10:9; 14:6) Näistä ovista ja tästä tiestä on Laulujen Laulussa kysymys, kysymys Jeesuksen tuntemisesta. Liite 1 (s. 207, 208) osoittaa temppelikuvana tämän tien.

Lukijan tulee siis huomata, että kaikki edellä mainittu rakentuminen tapahtuu hänessä itsessään Hyvän Paimenen ohjauksessa. Laulujen Laulua tulee lukea oman itsensä kautta. Ulkopuolisen tarkkailijan osa ei hyödytä hengellisesti. Lopulta tämä tie on kulkijalle hyvinkin selkeä, tunnistettavissa oleva tie. On mahdollista havainnoida oman hengellisen elämänsä vaiheita matkan edetessä. Monet kuulijat ovatkin tunnistaneet oman hengellisen elämänsä historian kuultuaan tiestä. Merkittävintä on, että olemme liikkeellä, rakentumassa. *Itkien he tulevat, ja minä johdaten heitä, kun he kulkevat rukoillen. Minä vien heidät vesipuroille, tasaista tietä, jolla he eivät kompastu… ja heidän sielunsa on oleva niin kuin runsaasti kasteltu puutarha, eivätkä he enää näänny. (Jer. 31:9,12)*

Vai ettekö tiedä, että teidän ruumiinne on Pyhän Hengen temppeli, joka Henki teissä on ja jonka te olette saaneet Jumalalta, ja ettette ole itsenne omat? Sillä te olette kalliisti ostetut. Kirkastakaa siis Jumala ruumiissanne. (1. Kor. 6:19,20)

KARITSAN HÄIDEN AJOITUKSESTA:

Pellavapukuinen mies seisoo virran yläpuolella ja kertoo Danielille lopun ajan aikataulusta. *"Siihen on vielä aika(a) kaksi aikaa ja puoli aikaa. Ja kun pyhän kansan yhden osan hajotus on loppunut, silloin nämä kaikki täyttyvät." (Dan. 12:7)*

Daniel sai tämän sanan vuonna 552 e.Kr. Kun kyseiseen vuoteen lisätään kaksi aikaa (2000 v.), tulemme vuoteen 1448. Lisäämällä tähän vielä puoli aikaa (500 v.) olemme vuodessa 1948, jolloin päättyi pyhän kansan yhden osan hajotuksen aika – Israel itsenäistyi. Lopun ajan kello käynnistyi tuolloin – vuonna 1948.

Opetuslapset kysyivät Jeesukselta hänen tulemuksestaan ja maailman lopun merkistä. Jeesus vastasi heille sanoen: *"Totisesti, minä sanon teille: tämä sukupolvi ei katoa, ennen kuin kaikki nämä tapahtuvat." (Matt. 24:34)* Jeesus puhuu Danielin profetian täyttymyksestä, vuodesta 1948. Mooses puolestaan määrittelee ihmisen eliniän kahdeksaksikymmeneksi vuodeksi. (Ps. 90:10) Kun lisäämme kahdeksankymmentä vuotta vuoteen 1948 päädymme vuoteen 2028. Tänään vuonna 1948 syntyneet ovat 72-vuotiaita ja elävät edelleen hyvävoimaisina. Vuodesta 2028 käynnistyy Jeesuksen sanojen mukaan Danielin ennustama viimeinen vuosiviikko (7 v.). Vaikka kyseinen seitsemäskymmenes vuosiviikko toteutui jo Jeesus Nasaretilaisen toiminnassa, sama viikko tulee vielä vastaan tämän aikakauden päättyessä; näin ilmestyskirja todistaa. Kohtaamme kolmen ja puolen vuoden ahdistuksen ajan sekä kolmen ja puolen vuoden vihan ajan. Sinä aikana Jeesuksen sanojen mukaan "kaikki nämä tapahtuvat".

Jumala yksin tietää suunnitelmansa tarkan aikataulun, ja mitä Hänelle mahdollisesti merkitsee vuosi 2028. Joka tapauksessa mekin voimme jo nähdä, kuinka nykyinen maailmanjärjestys (suuri Babylon) hoipertelee, ja ahdistus kansojen keskellä kasvaa. *Autuas se, joka lukee, ja autuaat ne, jotka kuulevat tämän profetian sanat ja ottavat vaarin siitä, mitä siihen kirjoitettu on: sillä aika on lähellä. (Ilm. 1:3) Herra, opeta meitä laskemaan päivämme oikein, että me saisimme viisaan sydämen. (Ps. 90:12)*

    Jeesus sanoo Raamatun ilmoituksen loppujakeissa kolme kertaa: *"Minä tulen pian!" (Ilm. 22:7,12,20) Valvokaa siis, sillä ette tiedä aikaa ettekä hetkeä, jona Ihmisen Poika tulee." (Matt. 25:13)*

SALOMON LAULUJEN LAULU
(johdanto)

Sinä, Daniel, lukitse nämä sanat ja sinetöi tämä kirja lopun aikaan asti. Monet sitä tutkivat, ja ymmärrys lisääntyy… Ja minä kuulin, mutta en ymmärtänyt, ja minä sanoin: "Herrani, mikä on oleva näitten päätös?" Niin hän sanoi: "Mene, Daniel, sillä ne sanat pysyvät lukittuina ja sinetöityinä lopun aikaan asti. (Dan. 12:4,8,9)

Danielin kirja on avautunut. Ilmestyskirja on avautunut. Monet ovat tutkineet ja tutkivat niitä ja ymmärrys lisääntyy. Entä miten on Laulujen Laulu? Monet tutkivat sitäkin, ja ymmärrys etsii vastauksia. Mutta – Laulujen Laulu on kaikesta huolimatta edelleen suljettu kirja, sinetein lukittu.

Miksi siis Laulujen Laulu ylipäätänsä on Raamatun kirjojen joukossa? Mikä on Laulujen Laulun viesti lopun ajalle? Onko Laulujen Laulukin lukittu viimeisiä päiviä varten?

Tiedämme varsin hyvin, että elämme parhaillaan seurakuntakauden viimeisiä aikoja. Kristus tulee pian noutamaan morsiamensa. Pasuuna herättää morsiussielut. He ymmärtävät, että Laulujen Laulussa soi hääkutsu. Sitä varten Laulujen Laulun sinetit murtuvat, ja lukitus laukeaa. Morsiussielut alkavat pukeutua häävaatteisiin, he, jotka tahtovat päästä morsiamena Karitsan häihin. *Iloitkaamme ja riemuitkaamme ja antakaamme kunnia hänelle, sillä Karitsan häät ovat tulleet, ja hänen vaimonsa (gyne), morsiamensa (nymfe), on itsensä valmistanut. Ja hänen annettiin pukeutua pellavaan (byssos; pellava), hohtavaan ja puhtaaseen: se pellavaliina on pyhien vanhurskautus (vanhurskaus, van-*

hurskaat teot). Ja hän sanoi minulle: "Kirjoita: Autuaat ne, jotka ovat kutsutut Karitsan hääaterialle." (Ilm. 19:7-9)

Seuraavilla sivuilla pääset tutustumaan Laulujen Laulun kolmetuhatta vuotta kätkettyyn salaisuuteen. Laulujen Laulun avautuminen todistaa, että lopun aika on käsillä. Morsiussielut kuulevat pasuunan äänen. He alkavat valmistaa itseänsä häitä varten. Laulujen Laulu avautuu halullisille, ja ymmärrys todellakin lisääntyy.

Laulujen Laulu on symbolisten sanojen peittoon verhottu morsiuslaulu.

Vuonna 2007 Herra alkoi opettaa Laulujen Laulua. Pyhä Henki selvitti sana sanalta käytettyjen sanojen symbolisia merkityksiä. Opetus kesti täsmälleen yhden vuoden. Pyhä Henki antoi tuona aikana vertauskuvien kautta Laulujen Laulun "melodian" so. sisään kätketyn johdonmukaisen kertomuksen.

Vuonna 2008 käynnistyi sitten kirjan systemaattinen tutkiminen. Toisaalta tuli selvittää, onko annettu melodia todellinen kirjan kertomus, ja toisaalta, onko annettu melodia yhtenevä Raamatun yleisen ilmoituksen kanssa. Melodian oikeellisuuden varmistaminen tarkoitti heprealaisen alkutekstin tutkimista sana sanalta, kolmenkymmenen eri raamatunkäännöksen käyttämien käännössanojen vertailua ja useiden hepreankielen sanakirjojen antia.

Salomon teksti osoittautui nelikerroksiseksi: eroottinen rakkaus, symboliset sanat, teologia ja melodia. Täytyi siis kulkea kolmen kerroksen läpi, että saattoi löytää Laulujen Laulun sanoman, melodian. Eroottinen rakkaus on ainoastaan yksi vertauskuvallinen käsite, joka kuitenkin hämää ja sitoo monia lukijoita. Eroottisesta rakkaudesta ei siis Laulujen Laulussa ole kysymys. Toisen kerroksen symboliset merkitykset toimivat melodian rakennusmateriaalina. Esimerkiksi "suudelma": *Usko tulee kuulemisesta, mutta kuuleminen Kristuksen sanan (suu, suudelma) kautta.* (Room. 10:17) Entä teologinen kerros? Melodian löytymisen kannalta on oleellista ymmärtää, mitä Golgatalla kaikkineen tapahtui: veri, **risti** ja ylösnousemus. Lopulta **risti ja lihan kuolema** avaavat melodian. Ilman ristin käsittämistä ei Laulujen Laulun viestiä voi tavoittaa.

Lopulta kuitenkin melodia rakentuu johdonmukaisesti Salomon käyttämistä hepreankielen sanoista ilman mitään symboliikkaa – suoraan sanakirjasta.

Tutkiminen ja kirjoitus kestivät kymmenen vuotta. Tuona aikana kävi ilmi, että annettu melodia oli oikea ja Raamatun ilmoituksen kanssa yhtäpitävä. Heprealaisessa alkukielen tekstissä ei ole yhtään sanaa liikaa eikä ainoatakaan puutu. Ilmoitus Yljästä ja morsiamesta on täydellinen. Laulujen Laulun mukaan morsiussielut pukeutuvat hääasuun jo ajassa, tässä lopun ajassa. *Ylen ihana on kuninkaan tytär sisäkammiossa, kultakudosta on hänen pukunsa. Kirjailluissa vaatteissa hänet saatetaan kuninkaan tykö. Neitsyet seuraavat häntä, hänen ystävättärensä tuodaan sinun tykösi. Ilolla ja riemulla heitä saatetaan, he astuvat kuninkaan palatsiin.* (Ps. 45:14-16)

On aivan käsittämätöntä, mitä kuningas Salomo on nuoruudessaan kirjannut meitä varten – tarkat pukeutumisohjeet Karitsan häihin. Hengellisesti raikas ja puhdas teksti avautuu keskelle Laodikean (kansan oikeus / kansan suosio) seurakunnan paatumusta. Rikastunut ja itseensä rakastunut laodikealainen luopumuksen seurakunta olisi muunnellut jo aikaa sitten Laulujen Laulun tekstiä, niin kuin se on pyrkinyt selittämään kaiken muunkin Raamatun ilmoituksen. Mutta – Pyhä Henki on lukinnut ja siten suojannut Laulujen Laulun kolmen tuhannen vuoden ajan kaikilta väärennyksiltä. Nyt, kun morsian tarvitsee häävaatteet, Ylkä avaa meille Laulujen Laulun sinetit ja murtaa lukituksen.

Laodikean seurakunta, joka on rikastunut ja rakastunut itseensä, ei taivu häävaatteisiin. Mutta morsiussielut nousevat iloiten. Ylkä kokoaa morsiusseurakunnan itseänsä varten. Ja Laodikea, hengellisesti sokeana, on onnellisen tietämätön Filadelfian (veljesrakkaus) seurakunnan noususta. He eivät huomaa eivätkä käsitä, kuinka jotkut pukeutuvat riemuiten heidän keskellään pellavapukuun, hohtavaan ja valkoiseen. Ylkä kutsuu silti edelleen Laodikean seurakuntalaisiakin ja sanoo heille: *"Katso, minä seison ovella ja kolkutan; jos joku kuulee minun ääneni ja avaa oven, niin minä käyn hänen tykönsä sisälle ja aterioitsen hänen kanssaan ja hän minun kanssani." (Ilm. 3:20)*

Mutta kuka kuulee – he eivät kuule.

Morsiusseurakunnallensa Ylkä sanoo: *"Näin sanoo Pyhä, Totinen, jolla on Daavidin avain, hän, joka avaa, eikä kukaan sulje, ja joka sulkee, eikä kukaan avaa. Minä tiedän sinun tekosi. Katso, minä olen avannut sinun eteesi oven, eikä kukaan voi sitä sulkea; sillä tosin on sinun voimasi vähäinen, mutta sinä olet ottanut vaarin minun sanastani etkä ole minun nimeäni kieltänyt." (Ilm. 3:7,8)*

Asikkala 10.05. 2018
Leo Nikkola

Salomon Laulujen Laulu

Luku 1

1.1 UUDESTISYNTYMINEN YLHÄÄLTÄ

1:1 Salomon Laulujen Laulu.

Morsian Yljälle
1:2 Hän suudelkoon minua suunsa suudelmilla.
Sillä sinun rakkautesi on suloisempi kuin viini.

Laulujen laulu käynnistyy uudestisyntymisen kuvauksella

Totisesti, totisesti minä sanon sinulle: joka ei synny uudesti, ylhäältä, se ei voi nähdä Jumalan valtakuntaa. (Joh. 3:3)

Luomisen alussa *Herra Jumala puhalsi ihmisen sieraimiin elämän hengen, ja niin ihmisestä tuli elävä sielu. (1. Moos. 2:7)* Sama toistuu sittemmin jokaisen ihmisen kohdalla äidin kohdussa noin kuukauden ikäisenä.

Syntiinlankeemuksesta johtuen Herra Jumala tekee uudestisyntymässä uuden luomisteon. Morsiussielun synty tapahtuu sekin puhaltamalla. Hän puhaltaa toistamiseen ihmiseen elämän hengen, ja ihmisessä käynnistyy hengellinen elämä. Hänessä oleva elämää ylläpitävä henki herää eloon. Laulujen Laulu ilmaisee puhaltamisen suudelmana. Jumalan elävä Sana koskettaa häntä. Hän saa lahjaksi Jumalan vanhurskaan elämän, uuden luomuksen: *vanhurskautetut hänen veressään. (Room. 5:9)* Rakkaus ilmenee uudenlaisena sisäisenä rakkauden kokemuksena, joka huumaa ihmissielun. Hän kyselee ihmeissänsä: "Voiko tämä olla totta?"

Laulujen Laulun neljä ensimmäistä lukua rakentuvat kolmen sisäkkäisen temppelin muotoon. Uudestisyntyminen tarkoittaa, että ovi avautuu ensimmäisen temppelin kaikkein pyhimpään: Sananlaskut (esipiha), Saarnaaja (pyhä) ja Laulujen Laulu (kaikkein pyhin). Samalla se merkitsee astumista toisen temppelin esipihaan. Tuleva morsian näkee esipihan portilta Jumalan valtakunnan ilmestysmajana uhrialttarin taustalla. Tästä salaisuudesta Jeesus kertoi Nikodeemukselle sanoen: *"Joka ei synny uudesti, ylhäältä, se ei voi nähdä Jumalan valtakuntaa."* (Joh. 3:3)

Jeesuksen vertauksessa kymmenestä neitsyestä neitsyet saavat matkavarusteeksi mukaansa astian ja lampun. (*Matt. 25:1,3*) Samassa yhteydessä Jeesus kertoo vertauksen leivisköistä. *Yhdelle hän antoi viisi leiviskää, toiselle kaksi ja kolmannelle yhden, kullekin hänen kykynsä mukaan.* (*Matt. 25:15*) Yksi leiviskä merkitsee uudestisyntymistä.

Laulujen Laulu alkaa.

Morsian Yljälle
1:3 Suloinen on voiteittesi tuoksu,
vuodatettu öljy on sinun nimesi;
sen tähden sinua nuoret naiset rakastavat.

Kun syntinen nainen kohtasi Jeesuksen, hänen elämänsä tuska purkautui kyyneliin. Hän vuodatti kyyneleensä ja nardusöljynsä Jeesuksen jalkoihin. Jeesus sanoi hänelle: *"Sinun syntisi ovat anteeksi annetut... Sinun uskosi on sinut pelastanut; mene rauhaan."* (*Luuk. 7:48,50*)

Jeesus lahjoittaa syntiselle naiselle **oman vanhurskaan elämänsä.** Ja hän antaa hänelle vielä tulevaa hengellistä elämää varten kaksi lahjaa: rakkauden ja uskon. Jeesus lahjoittaa tulevalle morsiamelle **oman rak-**

kautensa (*'ahavā*, אַהֲבָה). Ylhäältä tuleva *'ahavā*-rakkaus vaikuttaa synnistä vapautuneessa naisessa vastarakkauden Jeesukseen (*dōd*, דּוֹד). Hepreankielen sekä *'ahavā*- että *dōd* -rakkaus vastaavat kreikankielen agapē-rakkautta (ἀγάπη). *Sinun rakkautesi (dōd) on suloisempi kuin viini... sen tähden sinua nuoret naiset rakastavat ('ahavā).*

Samoin Ylkä antaa morsiussielullensa lahjana **oman uskonsa**: *suloinen on sinun voiteittesi* (*šɛmɛn*, שֶׁמֶן) *tuoksu.* Hepreankielen sana *šɛmɛn* tarkoittaa sekä öljyä että hyvää, muokattua ja hedelmällistä kasvumaata – janoista uskon maaperää. Tuleva morsian voi tämän jälkeen tukeutua Jeesuksen uskoon omalla, heräävällä uskollansa: *vuodatettu öljy (šɛmɛn) on sinun nimesi.* Paavali kirjoittaa roomalaisille Jeesuksen uskosta ja uskovan luottamuksesta Jeesukseen: *Se Jumalan vanhurskaus, joka* **Jeesuksen Kristuksen uskon** *(voide) kautta tulee kaikkiin ja kaikille,* **jotka uskovat** *(öljy), sillä ei ole yhtään erotusta. (Room. 3:22 ak.)*

Jeesuksen vanhurskaus, Jeesuksen rakkaus ja Jeesuksen usko ovat uuden morsiussielun hengellisen elämän matkavarusteet. Tuleva morsian tuntee uudestisyntyneenä Jeesuksen vasta nimeltä; *vuodatettu öljy on* **sinun nimesi.** (1:3 jaemerkintä ilman lainauksen kohdetta viittaa jatkossa lainaukseen Laulujen Laulusta). ”Elämän matka” tarkoittaa Jeesukseen tutustumista.

Keitä ovat jakeen nuoret naiset? He ovat tulevan morsiamen kanssa samaan aikaan uudestisyntyneitä, saman herätyksen hedelmiä.

1.2 ENSIRAKKAUS

Morsian Yljälle
1:4 Vedä minut mukaasi!

Morsian Jerusalemin tyttärille
Rientäkäämme!

Morsian
Kuningas on tuonut minut kammioihinsa.

Morsian ja Jerusalemin tyttäret Yljälle
**Me riemuitsemme ja iloitsemme sinusta,
me ylistämme sinun rakkauttasi enemmän kuin viiniä.**

Morsian Yljälle
Syystä he sinua rakastavat.

Uudestisyntymistä seuraa nyt ensirakkauden huuma. Yhteistä innostusta kuvastaa se, että kohtaamme suorastaan puheenvuorojen tulvan.

Rakkaus (*'ahavā, dōd*) ja lumoava viini mainitaan toistamiseen. Viini tarkoittaa Pyhää Henkeä, joka vaikuttaa rakkaudessa. Rakkauden uudenlainen kokeminen ilmenee ilona ja ylistyksen riemuna. Syntinen nainen lähtee vapaana juoksujalkaa kertomaan, että hän on kohdannut Jeesuksen. Nuorten naisten yhteinen riemu purkautuu. He ymmärtävät, että puheet Jumalan valtakunnasta ovat totta. Jumalan rakkauden kokeminen on heille yhtäläinen. Heidän ilonsa kohdistuu Jeesukseen, jonka he ovat tulleet nyt nimeltä tuntemaan. Jumalan valtakunnan ensimmäiset aarteet näyttäytyvät. Kuninkaan kammiot avautuvat.

Mitä ovat mainitut Kuninkaan kammiot?

Jumalan valtakunnan aarteet ilmaantuvat kammioiden kätköistä. Kun **synti**, ero Jumalasta, poistuu, poistuu myös synnin aiheuttama syyllisyys. Sen jälkeen kun **syyllisyys** väistyy, uudestisyntynyt sielu kokee sisimmässään **vapauden**. Ja vapautta seuraa **rauha**. Kun rauha laskeutuu sydämeen, tuleva morsian tiedostaa pian ihmiselämän **tarkoituksen**. Ja edelleen – muita Kuninkaan kammioiden aarteita ovat muun muassa **Jumalan Sanan avautuminen ja rukouselämän löytyminen**.

Tuleva morsian aavistaa kuitenkin omalla kohdallaan, että hänen ensirakkautensa tunnemyrsky on hiipumassa. Lopulta hän tarkkailee jo ikään kuin etäältä nuorten naisten ilonpitoa.

1.3 ONGELMAN ESITTELY

Morsian Jerusalemin tyttärille
**1:5 Minä olen musta, mutta ihana,
te Jerusalemin tyttäret,
kuin Keedarin teltat, kuin Salomon seinäverhot.**

Beetlehemin yössä paimenetkin hämmästelivät nuorten naisten tavoin taivaallista kirkkautta; *teille on tänä päivänä syntynyt Vapahtaja, joka on Kristus, Herra, Daavidin kaupungissa. (Luuk. 2:11)*

Kohta enkelit palasivat taivaaseen, ja yön pimeys ympäröi paimenet.

Kun ensirakkaus hiipuu, tuleva morsian kyselee hämmentyneenä: "Mitä tämä on? Mitä nyt pitäisi tehdä?" Hän tunnistaa sisimmässään uudenlaisen levottomuuden: vanha, ennen koettu, tuntuu palaavan, mutta jotain uutta on kuitenkin jäänyt ensirakkaudesta jäljelle. Hän kyselee nuorilta naisilta, ovatko he huomanneet samaa. Mutta he näyttävät edelleen iloitsevan kuninkaan kammioissa. Muut nuoret naiset jatkavat yhä elämää onnellisina ensirakkauden huumassa.

Tuleva morsian kutsuu nuoria naisia Jerusalemin tyttäriksi, koska *jokainen on syntynyt Jerusalemissa. (Ps. 87:5)*

Morsian näkee itsessään kuin kaksi erilaista elämää. Hän nimeää vanhan mustaksi ja uutta hän kutsuu ihanaksi. Tätä havaintoa vastaa yleisesti uskovien piirissä käytetty sana "armahdettu syntinen". Keedar (pimeä) on Ismaelin poika. Hän asuu mustissa, vuohennahoista tehdyissä teltoissa. Salomo puolestaan on "Iisakin poika". Uusi elämä on tulevalle morsiamelle ihanaa kuin kosketus Salomon temppeliin. Havainto mustasta ja ihanasta on hänen identiteettinsä kannalta ensiarvoisen merkittävä. Tuleva morsian kyselee syystä itseltään: "Kuka minä nyt olen?"

Beetlehemin pimentyneessä yössä paimenet sanovat toisilleen: *"Menkäämme nyt Beetlehemiin katsomaan sitä, mikä on tapahtunut, ja minkä Herra meille ilmoitti." (Luuk. 2:15)*

Jumalan ilmoitus ja ravinto uskovalle on Raamatun Sana. Beetlehem tarkoittaa leivän taloa.

1.4 PELASTUKSEN EVANKELIUMI

Morsian Jerusalemin tyttärille
1:6 Älkää katsoko sitä,
että minä olen musta, päivän paahtama.
Äitini pojat vihastuivat minuun,
panivat minut viinitarhain vartijaksi –
omaa viinitarhaani en vartioinut.

Jerusalemin tyttäret eivät näytä tiedostavan tulevan morsiamen ongelmaa lainkaan. Morsian ei saa heiltä kysymykseensä mitään vastausta. Jeesuksen vertauksessa leivisköistä jotkut yhden leiviskän saaneista kätkevät leiviskänsä maahan. He kaivavat kuopan lihansa maaperään ja kätkevät siihen Herransa rahan. (Matt. 25:18)

"Äitini pojat" ovat uudestisyntyneitä seurakunnan vastuunkantajia – samasta kohdusta syntyneitä. Heilläkään ei näytä olevan vastausta morsiamen ongelmaan. "Äitini pojat" sen sijaan kiusaantuvat tulevan morsiamen kyselyihin. Niinpä hänet vedetään pelkän uudestisyntymisen perusteella mukaan hengelliseen työhön: rukouspiiriä ja raamattupiiriä, diakoniapiiriä ja lähetyspiiriä, kuoroharjoituksia ja sairaskäyntejä, todistuspuheenvuoroja ja seurakunnan kokouksia, takkailtoja ja torikokouksia, kokoontumisia siellä ja kotipiirejä täällä.

Työ kyllä tekijäänsä neuvoo. Morsian lähtee mielihyvin mukaan seurakunnan toimintaan. Ja vähitellen hän todellakin lakkaa kyselemästä ja vaikenee. Toisten viinitarhojen hoitaminen uuvuttaa. Häntä haavoitetaan. Lopulta hän alkaa itsekin vähätellä ongelmaa ja torjua sisäistä levottomuuttansa. Ja niin hänen oma hengellinen elämänsä vaurioituu ja hengellinen kasvu estyy.

Miksi kävi näin?

Sen tähden, että oma viinitarha jäi hoitamatta. Viinitarha tarkoittaa hengellistä elämää, elämää Jeesuksen yhteydessä. Ja voimat loppuivat myös sen tähden, että hän tunsi ja tuntee Jeesuksen ainoastaan nimeltä.

Miksi äitini pojilla ei ollut vastausta kyselevälle morsiamelle?

"Pelastuksen evankeliumi" tarkoittaa "veren evankeliumia". Jeesuksen veri poistaa synnin ja tekosyntien syyllisyyden. Mutta Jeesuksen veri ei poista tekosyntejä, joiden lähde on lihassa – mustassa maaperässä. Pelastuksen evankeliumin mukaan "äitini pojat" luottavat veren kaikkivoipaisuuteen. Sen tähden myös he tuntevat Jeesuksen ainoastaan nimeltä. Hekään eivät ole ratkaisseet kohdallaan "musta mutta ihana"-ongelmaa. Siksi heillä ei ollut vastausta. Alkukielen mukaan he aidosti vihastuivat kyselevään morsiussieluun ja ratkaisemattomaan ongelmaan.

1.5 MORSIUSLAULU ALKAA

UUSI ALKU – MORSIAMEN KOTI

Morsian Yljälle

**1:7 Sano minulle sinä, jota sieluni rakastaa,
missä laumaasi paimennat,
missä annat sen keskipäivällä levätä.
Miksi minä hunnutettuna joutuisin
sinun toveriesi laumain luo!**

Laulujen Laulun melodia alkaa varsinaisesti soida tästä jakeesta. Melodian ensimmäiset kaiut kantautuvat sanoissa: ”**Mistä minä löydän sinut – sinut, jota minun sieluni rakastaa** (*'ahav*)?” *'Ahavā*-rakkaus siis vaikuttaa tulevan morsiamen liikkeelle lähdön. Ensirakkauden kaipuu herättää uupuneen morsiussielun; minun on löydettävä todellinen paimen! ”Äitini pojat” saattoivat hänet uuvuksiin, koska hekin tunsivat paimenen ainoastaan nimeltä. Nuorena uskovana hän tunnistaa olevansa hengellinen lapsi. Haavoitettuna hän ymmärtää hengellisen näkökykynsä rajatuksi. Keedarin pimeä ja musta teltanlieve hämärtää hengellisiä silmiä.

Tuleva morsian on tullut myös tietämään, kuinka on niin monia ja monenlaisia paimenia ja heidän lampaitansa. Monet heistä tuntevat kyllä Jeesuksen nimeltä. Mutta voivatko he kaikki ohjata etsivän morsiussielun Jeesuksen tuntemiseen? Morsian mainitsee erityisesti Yljän toverit (*ḥavēr*, חָבֵר).

Keitä he ovat?

Härkä tuntee omistajansa ja aasi isäntänsä; mutta Israel ei tunne, minun kansani ei ymmärrä… Voi kuinka portoksi on tullut uskollinen *kaupunki!... Sinun päämiehesi ovat niskureita ja varkaiden tovereita (* ḥavēr *); kaikki he lahjuksia rakastavat.* (Jes. 1:3,21,23) Jeesuksen toverit ovat lain kansa, Israelin heimo. Rinnakkainen kantaverbin johdannainen sanalle ḥavēr on ḥavɛrɛt (חֲבֶרֶת), joka tarkoittaa aviovaimoa.

Jumalan omaisuuskansa ei tuntenut Ylkäänsä, joka on valinnut heidät vaimoksensa. Kun häät oli valmistettu, Messiaan valitsema vaimo uhrasi Ylkänsä Jumalan polttouhrina Golgatalla. *Ja he ottivat kiinni hänen palvelijansa, pitelivät pahoin ja tappoivat. Mutta kuningas vihastui ja lähetti sotajoukkonsa.* (Matt. 22: 6,7) He eivät tunnistaneet Jeesusta Messiaaksi vaan hylkäsivät hänet. Koko sanan ḥavēr (toveri) sanaperhe tarkoittaa toveruutta, mutta myös loitsuja ja epäjumalan palvelemista. Härkä ei edelleenkään tunne omistajaansa. Ja vaimo on yhä tietämätön Yljästänsä.

Mutta tuleva morsian haluaa löytää todellisen paimenen – ja miten?

Morsian on saapunut uudestisyntymässä toisen temppelin esipihaan (jae 1:2). Esipiha merkitsee hengellisen tilan uudelleen arvioimista ja hengellisen aseman määrittämistä. Elämä esipihassa jatkuu jakeeseen 2:3 saakka. Tästä jakeesta (1:7) lähtien näyttäytyy tie sisälle temppeliin, sisälle Jumalan valtakuntaan. (Liite 1)

Jeesuksen vertauksessa kymmenestä neitsyestä viisaat neitsyet lähtevät tulevan morsiamen mukana etsimään öljyä astioihinsa. Tyhmät jäävät Jerusalemin tyttärien kanssa nauttimaan pelastuksen evankeliumista.

Yhden leiviskän saanut palvelija ei näe tarpeelliseksi asioida rahanvaihtajan kanssa. (Matt. 25:25,27)

Ylkä morsiamelle
1:8 Jos et sitä tiedä, sinä naisista kaunein,
   käy lammasten jälkiä
   ja kaitse vohliasi paimenten telttapaikoilla.

Ylkä kiinnittää ensimmäiseksi huomionsa tulevan morsiamen kysymykseen identiteetistä: kuka minä nyt olen? Ylkä puhuu morsiamen uudesta, vanhurskaasta luomuksesta: *sinä olet naisista kaunein.* Hän näkee tulevan morsiamensa yliluonnollisen kauneuden. Sillä uudestisyntymässä Jeesus teki hänet omaksi kuvakseen, itsensä kaltaiseksi. Hän lahjoitti oman vanhurskaan elämänsä, jota Paavali kutsuu uudeksi luomukseksi. Sen tähden hän syystä voi sanoa: "Sinä olet naisista kaunein."

Hengellisen kasvuprosessin valmistelu jatkuu. Myös morsiamen todellinen identiteetti löytyy ainoastaan Jeesuksen tuntemisen kautta. Jeesuksen tunteminen taas edellyttää hengellistä kasvamista hänen kaltaiseksensa. *Emme ole lakanneet rukoilemasta ja anomasta, että tulisitte täyteen hänen tahtonsa tuntemista kaikessa hengellisessä viisaudessa ja ymmärtämisessä... ja kasvaen Jumalan tuntemisen kautta. (Kol. 1:9,10)* Ylkä osoittaa kyselevälle morsiussielulleen hänen oikean hengellisen kotinsa Hyvän Paimenen laumassa: "Seuraa minun lampaideni jälkiä ja etsiydy heidän seuraansa. Sieltä sinä löydät minut. Ja sinä tunnistat heidät siitä, että heillä on vastaus sinun 'musta mutta ihana'-ongelmaasi." *Herra on teidän kanssanne, kun te olette hänen kanssansa; ja jos häntä etsitte, niin te löydätte hänet. (2. Aik. 15:2)*

Vohlat tarkoittavat uudestisyntyneestä hengestä kumpuavaa kyselyä ja mieleen nousevia uusia ajatuksia, kun identiteetti rakentuu nyt uudelleen.

1.6 YLKÄ SAAPUU KIHLAUSTA VARTEN MORSIAMEN KOTIIN

YLKÄ KOHTAA MORSIAMEN

Ylkä morsiamelle
**1:9 Tammaani, joka on faraon vaunujen edessä,
sinut, armaani, vertaan.**

Ylkä on saapunut morsiamen kotiin. Hän on tullut kihlaamaan paimenta etsivän morsiussielun omaksensa. Jeesus ilmaisee tulevalle morsiamelle, että hän näkee ja tuntee tätä vaivaavan ongelman – ongelman mustasta ja ihanasta. Farao on lihan valtakunnan, Egyptin, ja maailman, ruhtinas. Tämä on sitonut morsiussielun omia tarkoituksia varten vaunujensa eteen. Ylkä tunnistaa siteet ja kahleet, joihin hänen armaansa on kiedottu. Jeesus antaa hänelle lupauksen, että Hän on tullut auttamaan ja lopulta ratkaisemaan hänen ongelmansa.

Laulujen Laulussa miespuoliset edustavat Jeesusta ja hänen auktoriteettiansa (äitini pojat). Vastaavasti kaikki naispuoliset kuvaavat seurakuntaa (morsian, nuoret naiset, tamma).

Ylkä kutsuu tulevaa morsiantansa ensimmäisen kerran "armaaksi". Jeesuksen käyttämänä sana "armaani" käynnistää myöhemmin aina uuden hengellisen kasvuvaiheen. Tässä yhteydessä "armaani" johtaa kihlaukseen.

Ylkä morsiamelle (Liite 2)
**1:10 Himokkaat ovat sinun kasvosi kuparikäätyinensä,
kaulasi simpukkanauhoineen.**

1:11 Me teemme sinulle kultakäädyt
ynnä hopeasta helmet.

Ylkä auttaa morsianta ymmärtämään, mistä hänen ongelmassaan on kysymys. Jeesus vahvistaa tulevalle morsiamelle, että hänen havaintonsa mustasta ja ihanasta on todellinen. Hän osoittaa nyt myös selkeästi, mikä morsiamessa on mustaa.

Edellinen jae selvitti ensisijaisesti maailman ja sen ruhtinaan osuutta morsiamen elämässä. Näissä jakeissa ovat vuorossa langennut liha himoineen ja oma itsekäs tahto haluineen. Kasvot ilmentävät tulevan morsiamen persoonaa. Rauta- ja kuparikäädyt sekä simpukankuoret kertovat mustasta ja kuitenkin niin ihanasta morsiussielusta. Tuleva morsian on koonnut poskien käädyt kupari- ja rautalevyistä. Ja hän on punonut kaulallensa simpukankuorista arkisen helminauhan. Ylkä toteaa omat teot riittämättömiksi ja kelvottomiksi. Jumalan Pojan morsiamen kasvoilla ja kaulalla tulee olla parhaat mahdolliset korut. Tulevan morsiamen poskille kuuluvat kultakäädyt ja kaulalle hopeinen helminauha. Lopuksi Jeesus antaa lupauksen, että kaikki korjataan ja aikanaan asetetaan ennalleen.

Kulta tarkoittaa hengellistä elämää sisällä Jumalan valtakunnassa. Hopea ilmaisee, että lupaus täyttyy uskon kautta.

Laulujen Laulun kerronta seuraa perinteistä häävalmistelua. Kun on löytynyt nuorukaiselle sopiva morsianehdokas, sulhanen menee isänsä kanssa morsiamen kotiin. Laulujen Laulussa morsiamen koti ei tarkoita mitään asuntoa eikä paikallista seurakuntaakaan. Neuvottelu käydään hänen sydämessänsä, ja hengellinen koti on hänen hengellinen elämänsä, viinitarhansa. Morsiamen koti, jonne Ylkä saapuu, on vielä jäsentymätön: musta mutta ihana.

Ylkä ja hänen isänsä neuvottelevat morsiamen isän ja morsiamen kanssa avioliitosta. He laativat yhdessä avioliittosopimuksen. Silloin määritellään myös morsiamen hinta, jonka sulhanen on valmis maksamaan morsiamesta. Morsiamen hinta on morsiamelle avioliittoon ja häihin valmistautumista varten. Sitä on erityisesti morsiusasun valmistaminen hääjuhlaan.

Simson sanoi isälleen: "Ota hänet minulle, sillä hän on mieluinen minun silmissäni."... Ja Simson meni isänsä ja äitinsä kanssa alas Timnaan... Sitten hänen isänsä meni naisen luo, ja Simson laittoi siellä pidot, sillä niin oli nuorten miesten tapa. (Tuom. 14:1-10)

1.7 KIHLAUS JA MORSIAMEN HINNAN MÄÄRIT-TELY

Morsian

**1:12 Kuninkaan istuessa pöydässään
tuoksui minun nardukseni kaiken aikaa.**

**1:13 Rakkaani on minulle mirhakimppu,
joka rintojeni välissä lepää.**

**1:14 Rakkaani on koofer-kukka-terttu
Een-Gedin viinitarhoista.**

Kihlausta varten käydään avioliittoneuvottelut. Avioliittoneuvottelu tapahtuu morsiamen kotona: hänen mielessään ja sydämessään. Ylkä ja hänen Isänsä ovat saapuneet kihlausta varten morsiamen kotiin. Neuvottelut morsiamen isän ja morsiamen kanssa voivat alkaa. Näissä jakeissa (1:12-14) määritellään myös morsiamen hinta. Morsiamen hinnalla kihlattu morsian valmistaa hääasunsa.

Laulujen Laulussa Yljän Isä ja morsiamen isä ovat sama henkilö – kaikkivaltias Isä-Jumala (*Ēl,* אֵל). Poika on asetettu olemaan jo ennen aikojen alkua. (Sananl. 8:23) Ja kun Poika, Kristus Jeesus, syntyi ihmiseksi, hän sikisi Pyhästä Hengestä. Niinpä myös morsian on uutena luomuksena syntynyt samasta Isästä. (1:2; Joh. 1:13) Sen tähden Jeesus kutsuu meitä veljikseen – yhteisestä syntyperästä johtuen.

Morsian yllättyy neuvottelupöydässä, kun hänestä itsestään kumpuaa ihana narduksen tuoksu. Nardus on elävän Jeesuksen tuoksu. Jeesuksen läheisyys neuvottelupöydässä herättää narduksen. **Nardus ilmaisee uuden luomuksen,** joka on Jeesuksen vanhurskas elämä hänessä.

Neuvottelupöydässä Ylkä esittelee armaalleen hengellisen elämän keskeiset rakennusvälineet, jotka hän on valmis maksamaan morsiamesta: narduksen, mirhan ja kooferin. Nämä tarkoittavat Jeesuksen ylösnousemista, Jeesuksen ristiä ja Jeesuksen verta. *Kolme todistavat maassa:* **Henki** *ja* **vesi** *ja* **veri;** *ja nämä kolme pitävät yhtä.* *(1. Joh. 5:7,8)* Ylkä tulee käyttämään näitä Golgatalla valmistettuja työkaluja "musta mutta ihana"-ongelman ratkaisussa itse asiassa koko Laulujen Laulun kerronnan ajan.

Jeesus Kristus, Jumalan Karitsa, maksoi Golgatalla morsiamen hinnan; hän vuodatti siellä verensä ja antoi ruumiinsa runneltavaksi meidän tähtemme.

Koofer-kukka, punaisen värin lähde, merkitsee Jeesuksen verta. Elämä on veressä. *Sillä kaiken lihan sielu (elämä) on sen veri, jossa sen sielu (elämä) on. (3. Moos. 17:14)* Verensä kautta Ylkä on lahjoittanut elämän tulevalle morsiamelle, elämän, joka tuoksuu nardukselle. Een-Gedi tarkoittaa pukkilähdettä. Pukki, urosvuohi, on puhdas uhrieläin. Een-Gedi viittaa näin Jeesuksen uhriin. Ja tiedämme jo edeltä, että viinitarha merkitsee hengellistä elämää (1:6). Een-Gedi on näin ollen lukemattomien morsiussielujen hengellisen elämän lähde. Hengellinen elämä avautuu Jeesuksen veren kautta jokaiselle, joka uskoo.

Mirha edustaa sanaperhettä, joka ilmentää syvää katkeruutta. Katkeruus on anteeksiantamattomuuden hedelmä. Anteeksiantamattomuutta voi pitää synneistä pahimpana, koska se turhentaa Jeesuksen sovitustyön; *jos te ette anna ihmisille anteeksi, niin ei myöskään teidän taivaallinen Isänne anna teille anteeksi. (Matt. 6:15)* Jumalan vastainen katkeruus asuu lihallisessa luonnossamme, lihassa, josta nousevat meidän tekosyntimme. Nämä väärät tekomme aiheuttavat syyllisyyttä Herran edessä. Ja tämän syntiemme syyllisyyden tähden Jeesus antoi ruumiinsa runneltavaksi. Ristillä Jeesus sitoi syntiruumiin ja murskasi lihan vallan. Hän antoi oman ruumiinsa sidottavaksi ristille. *Hän on haavoitettu meidän rikkomustemme tähden, runneltu meidän pahain tekojemme* *tähden. Rangaistus oli hänen päällänsä, että meillä rauha olisi, ja hänen haavainsa kauttame me olemme paratut. (Jes. 53:5)*

Tämä voitto on Kristuksessa Jeesuksessa. Ja juuri tämän tähden morsiussielu etsii Jeesuksen tuntemista ja etsiytyy Hänen lähelleen. *Sillä Jeesus itse kantoi meidän syntimme (mon.) ruumiissaan ristinpuuhun, että me, synneistä pois kuolleina, eläisimme vanhurskaudelle; ja hänen haavainsa kautta me olemme paratut. (1. Piet. 2:24)*

Tästä syystä kuninkaan istuessa pöydässään so. Jeesuksen Kristuksen läheisyydessä, minun nardukseni tuoksuu kaiken aikaa. (Laul.l. 1:12) Jeesus voitti kuoleman ylösnousemisellaan. Narduksen tuoksu, joka kumpuaa morsiussielusta itsestään, kertoo ylösnousemisesta. Ja tähän ylösnousemusprosessiin Ylkä on kihlaamassa valitsemaansa morsianta.

Sen tähden Ylkä tarjoaa nyt morsiamen hintana **kimpuksi sidottua mirhaa.** Se merkitsee katkeruuden voittamista anteeksiannolla. Mirhan sitominen ristillä on morsiamen hinnan ratkaisevin osio. Sillä ainoastaan lihan sitominen, kuolema, vapauttaa narduksen tuoksun. Ja nardus vapautuu Jeesuksen lähellä. Tämän tähden Jeesuksen tuntemisen ja hänen lähelleen pääsemisen tulee olla uudestisyntyneen uskovan ensisijainen tavoite.

Kun tuleva morsian hyväksyy ristin ja oman lihansa kuoleman – mirhan sitomisen kimpuksi – kohdallaan, hän allekirjoittaa samalla avioliittosopimuksen. Kihlaus astuu voimaan sinä hetkenä, jolloin Ylkä maksaa sovitun morsiamen hinnan: narduksen, mirhan ja kooferin.

Kihlautuva morsian kutsuu tässä yhteydessä tulevaa Ylkäänsä ensimmäisen kerran nimellä "rakkaani" (*dōd*). Ja hän tekee sen juuri mirhakimpun yhtydessä. *Dōd* on morsiamen kokema vastarakkaus Yljän *'ahavā*-rakkauden vaikutukseen.

1.8 Ylkä käynnistää alustavat häävalmistelut

Ylkä morsiamelle
**1:15 Katso, kaunis sinä olet, armaani,
katso, kaunis olet, silmäsi ovat kyyhkyläiset.**

Morsian Yljälle
1:16a Katso, kaunis sinä olet, rakkaani.

Morsiamen hinta on sovittu. Ylkä alkaa nyt valmistella kihlattuansa hetkeen, jolloin hän maksaa morsiamen hinnan. Ylkä ja morsian käyvät tämän jälkeen pitkää vuoropuhelua.

Aluksi Ylkä osoittaa morsiamelle katseen ensisijaisen merkityksen. Morsiamen silmien tulee olla kiinnitetty lujasti Ylkään kahdesta syystä: näyn ja identiteetin tähden. Habakuk kirjoittaa näystä. Näky Yljästä ja näky morsiamesta ratkaisee suhteen kehittymisen ja päämäärän tavoittamisen. Habakuk tuntee tämän Jumalan ensisijaisen työvälineen.

Kirjoita näky ja piirrä selvästi tauluihin, niin että sen voi juostessa lukea. Sillä näky odottaa vielä aikaansa, mutta se rientää määränsä päähän, eikä se petä. Jos se viipyy, odota sitä; sillä **varmasti se toteutuu,** *eikä se myöhästy. (Hab. 2:2,3)*

Jokaisen ihmisen elämä muodostuu sen kaltaiseksi, millainen näky hänellä on itsestään ja elämästä – elämän tarkoituksesta. Juuri se näky toteutuu varmasti. Jos näky on oikea, sitä seuraa siunaus. Jos näky on väärä, se johtaa varmasti harhaan. Sekin, että ei ole elämästä mitään piirrettyä näkyä, on näky, joka toteutuu yhtä varmasti. Seurauksena on tarkoitukseton elämä.

Ihmisen elämän tarkoitus ja morsiamen identiteetti, olemuksensa samankaltaisuus Yljän kanssa, ovat Jeesuksessa Kristuksessa. Alussa Jumala sanoi: *"Tehkäämme ihminen kuvaksemme, kaltaiseksemme. (1. Moos. 1:26,27)* Hääasuun puetun morsiamen tulee olla siis Yljän kaltainen. Sen tähden näky Yljästä täytyy olla tarkasti piirretty morsiamen sisimpään – sielun ja hengen tauluihin. Näky ilmaisee myös, missä määrin morsian tuntee Jeesuksen, Ylkänsä. Uudestisyntymässä tulemme tuntemaan Jeesuksen ainoastaan nimeltä: *vuodatettu öljy on sinun nimesi. (1:3)* Kihlauksesta alkaa näyn piirtäminen Jeesuksen täyteen tuntemiseen. *Emme ole lakanneet teidän edestänne rukoilemasta ja anomasta, että tulisitte täyteen hänen tahtonsa tuntemista kaikessa hengellisessä viisaudessa ja ymmärtämisessä... kasvaen Jumalan tuntemisen kautta. (Kol. 1:9,10)*

Tämän tähden katse on ensimmäinen. Ja millainen katseen tulee olla? Mitä Ylkä katseella tarkoittaa? Kihlatun morsiamen sielun ja hengen tulee olla kaiken aikaa suunnattuna Jeesukseen. Kihlatun morsiamen mieli on sielun ja hengen silmä. Ylkä vertaa morsiamen katsetta kyyhkysen silmiin. Kyyhkynen kiinnittää silmät mielitiettyynsä peräänantamattomasti ja pysyvästi. Se ei suo kohteelleen hetken lepoa. Niin tulee olla myös kihlatun silmät suunnattu alati Jeesukseen. Se on identiteetin muodostumisen ensimmäinen ja merkittävin tekijä.

Ja morsian ilmaisee, että hän on ymmärtänyt katseen merkityksen. Hän toistaa Jeesuksen sanat: *"Katso, kaunis sinä olet, rakkaani."*

Morsian Yljälle (Liite 2)
**1:16b Kuinka suloinen, kuinka vihanta on
lehtimajamme.**

Ylkä morsiamelle
**1:17 Huoneittemme seininä ovat setripuut,
kattonamme kypressit.**

Tulevan morsiamen silmät näkevät, että ihana ja musta eivät sovellu enää yhteen. Miten soveltuisivatkaan yhteen Jumalan temppeli ja epäjumalat? Sillä me olemme elävän Jumalan temppeli, niin kuin Jumala on sanonut: *"Minä olen heissä asuva ja vaeltava heidän keskellään ja oleva heidän Jumalansa, ja he ovat minun kansani".* (2. Kor. 6:16) Erämaassa Jumala tarvitsi ilmestysmajan tullaksensa asumaan kansan keskelle. Ihminen on luotu Pyhän Hengen temppeliksi. Suhde Jeesukseen – viinitarha – alkaa näissä jakeissa muotoutua Jumalan asunnoksi. Lehtimajan kautta Ylkä viitoittaa tietä rakentumaan hengelliseksi huoneeksi. Asunto on aluksi hauras lehtimaja, mutta lehtimajan rakennuspuut ovat lujat: Jumalan Sana (setri) ja keskusteluyhteys Jeesuksen kanssa (kypressi). *Minä annoin israelilaisten asua lehtimajoissa, kun vein heidät pois Egyptin maasta. (3. Moos. 23:43)*
Setri ja kypressi ovat annetut identiteetin rakentumista varten. Sillä Jeesus Kristus on elävä Sana. Ilman Jumalan Sanaa ei kihlattu morsian voi oppia tuntemaan todellista identiteettiänsä. Ilman Raamatun Sanaa hän ei voi oppia tuntemaan Ylkäänsä.

Uudestisyntymisen yhteydessä Jeesus antoi tulevalle morsiamelle kolme hengellisen elämän lahjaa: oman vanhurskautensa, oman rakkautensa ja oman uskonsa. Kihlauksen jälkeen hän lahjoittaa kihlatulleen vielä kolme hengellisen elämän työvälinettä: kyyhkysen katseen, Sanan ja rukouksen. Näiden työvälineiden kautta ja lahjoihin tukeutuen kihlattu morsian tulee tuntemaan Jeesuksen persoonana. Tällöin myös Ylkä tutustuu kihlattuunsa. Ja näin morsiamen identiteetti rakentuu.

Laulujen Laulu

Me kaikki, jotka peittämättömin kasvoin katselemme Herran kirkkautta kuvastimesta, muutumme samaksi kuvaksi kirkkaudesta kirkkauteen, niin kuin muuttaa Herra, joka on Henki. (2. Kor. 3:18, ak.)

Luku 2

2.1 MORSIAN ODOTTAA MORSIAMEN HINTAA

IDENTITEETIN ETSINTÄÄ

Morsian Yljälle (Liite 2)
**2:1 Minä olen Saaronin lilja,
olen laaksojen lilja.**

Saaronin tasanko ja laakson syvänne merkitsevät hedelmällistä uskon maaperää, kihlatun altista mielenlaatua. Morsian kyseleekin nyt hengellistä asemaansa: kuka hän on kihlattuna morsiamena?

Kihlattu morsian omistaa uutena luomuksena Jumalan vanhurskaan elämän. Hänen identiteettinsä on Kristuksessa, elämän antajassa. Ylkä on hänen samaistumisensa kohde. Ja sen tähden hänelle osoitettiin kyyhkysen hellittämätön katse. Tarkasti piirtyvä näky etsii toteutumistansa.

Lilja mainitaan jakeessa kaksi kertaa (*havaṣṣelet*, חֲבַצֶּלֶת, ja *šūšan*, שׁוּשַׁן). Lilja on kaksoiskukka, jossa on kaksi sisäkkäistä aihiota yhteen liittyneinä sylikkäin. Ensimmäinen, kolmen terälehden kukka (*havaṣṣelet*) muodostaa kuin sylin toisen liljan kolmelle terälehdelle (*šūšan*). Ensimmäinen kukka on identiteettimme Jeesus Kristus (*havaṣṣelet*). Hänen kukkansa terälehdet ovat puhtaat ja täydelliset. Siihen syliin lasketaan kihlatun morsiamen kolme tahraista ja risaista terälehteä (*šūšan*). Välitön yhteys kukkien kesken muuttaa kihlatun vajavaiset terälehdet Yljän täydellisten terälehtien kaltaisiksi. (2. Kor. 3:18) Kun lilja aikanaan valmistuu, siinä on kolme ja kolme puhdasta terälehteä, jotka morsiamena tulevat olemaan yksi kukka. Luku kuusi on ihmisen luku. Koska vaimo luotiin kuudentena päivänä, niin luku kuusi on myös seurakunnan luku.

Liljan kaksoiskukka kertoo ihanalla tavalla morsiamesta, joka on Ylkänsä kuva ja hänen kaltaisensa. Tämän tähden kihlattu morsian kysyy Jeesukselta – jo tietäen vastauksen: "Olenko minä nyt kihlattuna laaksojen lilja (*šūšan*)? "

Ylkä morsiamelle
2:2 Niin kuin lilja orjantappurain keskellä,
niin on minun armaani neitosten keskellä.

Ylkä vakuuttaa välittömästi kihlatullensa: "Sinä olet lilja – hyvään ja hedelmälliseen maaperään istutettu. Nyt, kun katseesi on kiinnittynyt minuun, voin myös ilmaista itseni (*ḫavaṣṣelet*) sinulle." Ja morsian muistaa Jeesuksen sanat: *"Katso, kaunis sinä olet, armaani."* Ylkä valmistaa näin kihlattuansa siihen hetkeen, jolloin hän maksaa morsiamen hinnan. Jos morsiussielu ei kaikesta huolimatta ymmärrä, mitä morsiamen hinta, sidottu mirhakimppu, tarkoittaa, voi Jeesuksen lunastusmaksu jäädä hyödyntämättä ja hääasu valmistumatta.

Ylkä nostaa nyt kihlattunsa rinnalle lihallisen uskovan orjantappurana. Sitä merkitsevät Jerusalemin tyttäret neitosina. He jäivät pelastuksen evankeliumin lumoihin. Orjantappura tarkoittaa lihan itsekkyyttä ja sen valtapyrkimyksiä, piikikkäitä iskusanoja ja katkeria hengen aivoituksia, anteeksiantamatonta mieltä ja itsensä loputonta puolustelua. Orjantappuralla on hyvin vahva juuristo. Se pitää lujasti kiinni lihan maaperästä. Vahvalla juuristollaan orjantappura pyrkii tukahduttamaan liljan hengellisen elämän ja kasvun.

Tässä vaiheessa kihlattu morsian viimeistään tajuaa, että hänen on todella korkea aika hankkiutua eroon lihastansa ja sen orjantappuroista. Maaperä täytyy tosiaankin puhdistaa.

Lilja on Laulujen Laulun yksi keskeisimmistä vertauskuvista. Lilja tarkoittaa uskovaa, joka hakeutuu Jeesuksen läheisyyteen. Hän on tästä alkaen opetuslapsi, joka on valmis seuraamaan Ylkäänsä. Kaikki uudestisyntyneet uskovat eivät ole Jeesuksen opetuslapsia. Ainoastaan morsiussielut, kihlatut, ovat liljoja. Lilja merkitsee jo opetuslapseutta.

Morsian tiedostaa "musta mutta ihana"-ongelman ratkaisun lähestyvän. *Erämaa ja hietikko iloitsee, aromaa riemuitsee ja kukoistaa kuin lilja (havasselet). Se kauniisti kukoistaa ja iloitsee ilolla ja riemulla. (Jes. 35:1,2)*

Morsian Yljälle
2:3a Niin kuin omenapuu metsäpuitten keskellä,
niin on minun rakkaani nuorukaisten keskellä.

Ylkä vetää kihlattua morsianta puoleensa: *Katso, kaunis sinä olet, armaani.* Katseen kiinnittäminen Jeesukseen avaa morsiamen hengellistä näkökykyä. Ylkä kohoaa kihlattunsa silmissä ylitse kaikkien muiden nuorukaisten. Jeesus sanoo opetuslapsillensa: *"Autuaat ovat ne silmät, jotka näkevät, mitä te näette." (Luuk. 10:23)*

Miksi morsian näkee Ylkänsä omenapuuna? *"Kukaan muu ei tunne, kuka Isä on, kuin Poika ja se, kenelle Poika tahtoo hänet ilmoittaa." (Luuk. 10:22)* Kihlattu morsian tunnistaa, kuinka Yljän läheisyys herättää hänessä ensirakkauden tunteet. Rakkaus ja elämä näyttävät virtaavan Jeesuksen kautta. Jeesus sanookin, että *niin kuin Isällä on elämä itsessänsä, niin hän on antanut elämän myös Pojalle, niin että myös hänellä on elämä itsessänsä. (Joh. 5:26)* Tästä syystä Jeesus on elämänpuu. Hän antoi uuden elämän myös kihlatulle morsiamellensa, joka koki uuden elämän ensirakkautena.

Mutta onko Jeesus myös omenapuu?

Jooel asettaa omenapuun muiden Raamatun puiden joukkoon. *Viiniköynnöstä (uskova) on kohdannut kato, viikunapuu (Yljän oma) on kuivettunut, granaattipuu (siunaus) ja myös* **palmu** *(Kuningas)* **ja omenapuu;** *kaikki kedon puut ovat kuivettuneet. (Joel 1:12)* Jeesus on viinipuu. *(Joh. 15:5)* Hän on myös kuninkaallinen omenapuu.

Omena, omenapuu (*tappūaḥ,*תַּפּוּחַ) esiintyy Raamatussa kuusi kertaa. Samoin *tappūaḥ* mainitaan Laulujen Laulussa kuudesti mukaan lukien kaksi pronominia, jotka tarkoittavat omenapuuta. Luku kuusi on ihmisen ja erityisesti seurakunnan luku. Jeesus on Kristus. Hän on ihminen, ja seurakunta on hänen ruumiinsa. Edelleen *tappūaḥ* esiintyy henkilö- ja paikannimenä kahdeksan kertaa. Luku kahdeksan merkitsee ylösnousemusta ja uuden elämänvaiheen alkua. Kaiken kaikkiaan *tappūaḥ* mainitaan Raamatussa neljätoista kertaa. Luku neljätoista on taas temppelin vihkimisen luku. Luku tarkoittaa myös luvun seitsemän kerrannaisena hengellistä täydellisyyttä, mikä ilmenee kaksinkertaisena voimavaikutuksena. Seitsemän on Jeesuksen henkilökohtainen luku. Hän on ylipappi, joka vihkii uskovan Pyhän Hengen temppeliksi.

Ja kihlattu morsian ilmaisee myös itse, että Jeesus on omenapuu: **omenapuu on minun rakkaani** *nuorukaisten keskellä.* Ei liene enää epäselvää, kuka on omenapuu, jonka varjossa morsian viihtyy ja odottaa. Myös sanan *tappūaḥ* konsonanttimerkit (*tpwḥ*) kertovat Jeesuksesta omenapuuna: "risti ja kihlatun morsiamen kohdalla lupautuminen Jeesuksen omaksi (*tāw,* risti) avaavat Sanan kautta (*pē*: suu) keskinäisen elämän yhteyden (*wāw,* naula) hengessä (*ḥēt,* aitaus)".

Kihlaus on johtanut morsiamen ilmestysmajan esipihassa polttouhrialttarin äärelle. Siellä tuoksuvat nardus, mirha ja koofer. Hän on kihlattuna pyrkimässä esipihasta sisälle ilmestysmajaan, Jumalan valtakuntaan. Morsian ymmärtää jo tässä vaiheessa, että tie sisälle kulkee alttarin kautta. (Liite 1)

2.2 Morsian valmistautuu vastaanottamaan morsiamen hinnan

KASTEEN HAUTA OMENAPUUN VARJOSSA

Morsian Yljälle
**2:3b Minä halajan istua sen varjossa,
ja sen hedelmä on minun suussani makea.**

Omenapuun varjosta (ṣēl, צֵל) avautuu morsiamelle tie temppeliin, sisälle Jumalan valtakuntaan: *Faraon joukot* **upposivat** (ṣll, צלל) **valtavesiin** *niin kuin lyijy. (2. Moos. 15:10)* Omenapuun **varjo** (sel) merkitsee vesikastetta. Jeesus sanoi Nikodeemukselle: *"Totisesti, totisesti minä sanon sinulle: jos joku ei synny* **vedestä ja Hengestä**, *ei hän voi päästä sisälle Jumalan valtakuntaan." (Joh. 3,5)* Ja tämän kuultuansa kihlattu morsian nousee polttouhrialttarille. Hän antaa uhriksi oman elämänsä – oman lihansa elämän. *Kolme todistavat Jumalan valtakunnasta maan päällä:* **Henki ja vesi** *ja veri; ja nämä kolme pitävät yhtä. (1. Joh. 5:8)*

Me kaikki, jotka olemme kastetut Kristukseen Jeesukseen, olemme hänen kuolemaansa kastetut. Niin olemme siis yhdessä hänen kanssaan haudatut kasteen kautta kuolemaan, että niin kuin Kristus herätettiin kuolleista Isän kirkkauden kautta, samoin pitää meidänkin uudessa elämässä vaeltaman. Sillä jos me olemme hänen kanssaan yhteenkasvaneita yhtäläisessä kuolemassa, niin olemme samoin myös yhtäläisessä ylösnousemuksessa, kun tiedämme sen, että meidän vanha ihmisemme on hänen kanssaan ristiinnaulittu, että synnin ruumis kukistettaisiin, niin ettemme enää syntiä palvelisi; sillä joka on kuollut, se on vanhurskautunut pois synnistä. (Room. 6:3-7)

Lihan kuolema ja uuden luomuksen ylösnouseminen ei tapahdu kuitenkaan kastehetkellä. Mitä sitten kaste tarkoittaa? Kaste merkitsee **sitoutumista oman lihansa kuolemaan**, ristiinnaulitsemiseen. Tämä tapahtuu monien todistajien läsnä ollessa: Isä, Poika ja Pyhä Henki yhdessä taivaan enkeleiden kanssa. Paikalla ovat todistamassa myös pimeyden enkelit. Ja edelleen – kasteella tulee olla joitakin uskovia todistamassa. Kastetapahtuma, jolloin uskova sitoutuu lihansa kuolemaan, on siis suurempi tapahtuma, kuin voimme arvatakaan. Kaste on merkkinä erityisesti Yljälle. Morsian osoittaa Jeesukselle, että hän on valmis vastaanottamaan morsiamen hinnan – valmis lihansa kuolemaan. Hän tahtoo mirhansa kimpuksi sidottuna rintojensa väliin ja sydämensä päälle. (1:13)

Kasteen katkeria todistajia ovat pimeyden enkelit. Ne tajuavat, että kihlattu morsian on liukumassa lopullisesti niiden käsistä Jeesuksen syliin.

RUKOUS MORSIAMEN HINNAN SAAMISEKSI

*Kun Jeesus oli saanut **kasteen** ja **rukoili**, niin tapahtui, että taivas aukeni, ja **Pyhä Henki laskeutui hänen päällensä** ruumiillisessa muodossa, niin kuin kyyhkynen, ja taivaasta tuli ääni: "Sinä olet minun rakas Poikani; sinuun minä olen mielistynyt." (Luuk. 3:21,22)*

Morsian halajaa viipyä omenapuun seurassa. Hän janoaa morsiamen hintaa, Jeesuksen läheisyyttä. Suu tarkoittaa ravinnon nauttimista ja suusta ulos tulevia sanoja. Suun sanat ilmaisevat sydämen tilan ja pyrkimykset. Jeesus tunnistaa kyllä morsiamen salatuimmatkin ajatukset ja hänen mielensä liikkeet. Ylkä tahtoo kuitenkin seuraavaksi kuulla suusanallisesti, mitä morsian itse seuraavaksi tahtoo. Omenapuun hedelmä on makea morsiamen mielessä ja suussa. Ajatukset ja toiveet muotoutuvat suussa sanoiksi, rukoukseksi, morsiamen itsensä ja todistajien tähden. Omenapuun hedelmä on sanoina hänen suussansa, ja sanat ovat hänelle mieluisat lausua ääneen:

"Rakkaani, minä olen valmis. Täytä minun sieluni morsiamen hinnalla, anna Henkesi virrata sydämeeni."

Ja Jeesus lupaa hänelle, että *"taivaallinen Isä antaa Pyhän Hengen niille, jotka sitä häneltä anovat."* (Luuk. 11:13)

Omenapuun varjosta (*sel*) nousee prosessi, joka tuottaa ihanan hedelmän. Kun morsian luovuttaa kasteessa oman elämänsä uhriksi Herralle, se on samalla haaste Pyhälle Hengelle. Ainoastaan Pyhän Hengen johdolla kasteen hauta ja ylösnousemus voivat toteutua morsiussielun elämässä. Sen tähden – voiko Pyhä Henki olla vastaamatta kihlatulle morsiamelle hänen pyyntöönsä. Jeesus lähetti Henkensä juuri tätä tehtävää varten: Opettajaksi ja Johdattajaksi kaikkeen totuuteen.

2.3 YLKÄ MAKSAA MORSIAMEN HINNAN

Morsian
2:4a Hän on vienyt minut viinimajaan;

2:4b rakkaus on hänen lippunsa minun ylläni.

MORSIAMEN HINTA

Ylkä on seurannut todistajana kihlattunsa valmistautumista. Hän on myös kuullut morsiamen rukouksen. Eikä Jeesus viivyttele.

Morsian odottaa sopimuksen mukaisesti nardusta, mirhaa ja kooferia. Mutta mitä tapahtuu?

Yhtäkkiä tuli laskeutuu alttarille. (2. Aik. 7:1) Kihlattu morsian on aavistamattaan täynnä huumaavaa viiniä. Viini tarkoittaa Laulujen Laulussa Pyhää Henkeä. Alkujakeissa Pyhä Henki vaikutti uudestisyntymisen ulkoapäin: *sinun rakkautesi on suloisempi kuin viini.* (1:2) Mutta nyt Hän on tullut henkilökohtaisesti Jumalan kolmantena persoonana kihlatun morsiamen sisimpään, täyttänyt hänen henkensä. Pyhällä Hengellä on tärkeä tehtävä morsiamen suhteen. Hän on tullut toteuttamaan tämän elämässä sen, mitä kihlauksen yhteydessä sovittiin, ja mihin morsian kasteessa sitoutui. Pyhä Henki itse merkitsee morsiamen hintaa. *Ettekö tiedä, että teidän ruumiinne on **Pyhän Hengen temppeli**, joka Henki teissä on ja jonka te olette saaneet Jumalalta, ja ettette ole itsenne omat. (1. Kor. 6:19)* Ilmestysmajaa kutsuttiin erämaassa "Jumalan ilmestymisen majaksi": *Herra kutsui Moosesta ja puhui hänelle sisältä ilmestysmajasta. (3. Moos. 1:1)* Nyt kihlattu morsian on täynnä Pyhää Henkeä. Hänen kehonsa, henkensä, on Pyhän Hengen maja. **Hän on viinimaja.**

Laulujen Laulu

OMENAPUUN HEDELMÄ MAKEANA SUUSSA?

Huuleni tiukkuvat hunajaa, mesi ja maito ovat kieleni alla. (4:11) Pyhän Hengen vastaanottaminen on suloista ja suuriarvoista. Entä ulos lausuttavat, Pyhän Hengen vaikuttamat, huulia hivelevät sanat?

Apostolien teoissa tapahtuu, kun kastettu saa Pyhän Hengen, että hän alkaa puhua uusilla kielillä Hengen vaikutuksesta. *Yhtäkkiä tuli humaus taivaasta, niin kuin olisi käynyt väkevä tuulispää, ja täytti koko huoneen, jossa he istuivat... ja he tulivat kaikki Pyhällä Hengellä täytetyiksi ja alkoivat puhua muilla kielillä, sen mukaan, mitä Henki heille puhuttavaksi antoi. (Ap.t. 2:2,4)* Sama toistui sittemmin Efesossa (Ap.t. 19:5,6) ja Kesareassa (Ap.t. 10:44-46). Kun samarialaiset saivat Pyhän Hengen, ei heidän kohdallaan mainita mitään kielistä. (Ap.t. 8:16,17). Samariassakin lienee kuitenkin todennäköisempää, että he saivat kielet kuin etteivät saaneet. Ananias rukoili Paavalille Pyhää Henkeä. (Ap.t. 9:17; 22:16) Raamattu ei kuitenkaan kerro, mitä siinä yhteydessä tapahtui. Myöhemmin Paavali kuitenkin saarnasi täynnä Pyhää Henkeä ja rukoili kielillä enemmän kuin muut. Näin ollen omenapuun makea hedelmä olisi rukouksena suussa, Pyhä Henki hengessä ja uudet kielet huulilla.

Kaikki eivät kuitenkaan puhu kielillä. Miksi eivät?

Kielillä puhuminen näyttäisi jakautuvan henkilökohtaiseksi rukouskieleksi ja profetian kaltaiseksi armolahjaksi. Apostolien tekojen mukaan rukouskieli kuuluisi kaikille, jotka ovat saaneet Pyhän Hengen. *Kielillä puhuva ei puhu ihmisille vaan Jumalalle; ei häntä näet kukaan ymmärrä, sillä hän puhuu salaisuuksia hengessä... Kielillä puhuva rakentaa itseään, mutta profetoiva rakentaa seurakuntaa. (1. Kor. 14:2,4)* Miksi Jumala antaisi rukouskielen toisille, mutta ei kaikille?

Miksi kaikki eivät sitten puhu kielillä? Yksi syy voi tietysti olla siinä, jos ei omista Pyhää Henkeä lainkaan – ainoastaan luulee omistavansa. Raamattu ja Laulujen Laulu osoittavat, ettei uudestisyntyminen tarkoita automaattisesti Pyhää Henkeä persoonana. Ja Pyhästä Hengestä huolimatta kaikki eivät kuitenkaan puhu kielillä. Niinpä Paavali huoahtaa, että hän soisi kaikkien puhuvan kielillä ja myös profetoivan.

HYVÄ PAIMEN ON RAKKAUS

Jeesus sanoo: **"Minä olen Hyvä Paimen."** Hän ottaa nyt henkilökohtaisesti vastuun kihlattunsa hengellisestä kasvamisesta. Kun morsian saa kasteen yhteydessä Pyhän Hengen – heti tai viiveellä – Pyhä Henki tulee hänelle Hyväksi Paimeneksi. Hyvä Paimen on pukeva morsiamen hääasuun – puhtaaseen pellavaan. Lippu hänen yllään on heimotunnus ja taisteluviiri. Hyvä Paimen on kohottanut ristinsä, johon lippu on kiinnitetty. *Ahavā*-rakkaus on hänen lippunsa, joka kutsuu seuraamaan. Jeesus sanoo tässä yhteydessä kihlatullensa: "Ota ristisi ja seuraa minua." Kasteessa morsian on jo lupautunutkin ottamaan ristinsä ja liittymään Hyvän Paimenen seuraan.

> *Minun lampaani kuulevat minun ääntäni, ja minä tunnen ne, ja ne seuraavat minua. Ja minä annan heille iankaikkisen elämän, ja he eivät ikinä huku, eikä kukaan ryöstä heitä minun kädestäni. (Joh. 10:27,28)*

Pyhä Henki on tullut kihlatulle morsiamelle lunastuksen sinetiksi. ***Kristuksessa on teihinkin,*** *sen jälkeen kun olitte kuulleet totuuden sanan, pelastuksenne evankeliumin, uskoviksi tultuanne,* **pantu luvatun Pyhän Hengen sinetti,** *sen, joka on meidän perintömme vakuutena (* arrabōn, *ἀρραβών), hänen omaisuutensa lunastamiseksi – hänen kirkkautensa kiitokseksi. (Ef. 1:13,14)* Ensimmäiseksi käy lainauksesta ilmi, että Pyhä Henki annetaan uudestisyntymisen jälkeen Hyvän Paimenen tehtävää varten. (Ap.t. 19:1-6) Ja toiseksi kreikankielen sana *arrabōn* viittaa Pyhään Henkeen etumaksuna, joka edellyttää koko hinnan maksamista. Se on lupaus, että Hyvä Paimen morsiamen hintana ei jätä työtänsä kesken. Varsinainen Pyhän Hengen sinetti onkin prosessissa – hänen omaisuutensa lunastamiseksi, hänen kirkkautensa kiitokseksi.

Yhteinen matka voi alkaa. Hyvänä Paimenena Jeesus tutustuu matkalla kihlattuunsa ja morsian tulevaan Ylkäänsä. Uudestisyntymisen kautta uskova tulee tuntemaan Jeesuksen nimeltä (1:3). Nyt alkaa toinen toiseensa tutustuminen henkilökohtaisella tasolla.

Laulujen Laulun viinimajasta käynnistyy mm. seuraavia, hyvinkin merkittäviä, hengellisiä toimintoja:

1. Tapahtuu syntyminen vedestä ja Hengestä. (Joh. 3:5)

2. Alkaa etsiytyminen sisälle Jumalan valtakuntaan.

3. Pyhä Henki tulee Hyväksi Paimeneksi. Hyvän Paimenen tehtävä alkaa.

4. Jeesus sanoo: "Minä olen tie." Jeesuksen tarkoittama tie avautuu.

5. Jumalan äänen kuuleminen paranee, koska Hyvä Paimen asuu hengessä.

6. Jumalan Sana avautuu uudella tavalla Pyhän Hengen voitelussa.

7. Tässä yhteydessä Hyvä Paimen sanoo morsiussielullensa: *"Hän kieltäköön itsensä ja ottakoon ristinsä ja seuratkoon minua."* (*Matt. 16:24*)

8. Tähän asti on Jeesus tunnettu nimeltä. Nyt alkaa tutustuminen Jeesukseen.

9. Hengellinen kasvuprosessi käynnistyy. Hengellinen elämä saa suunnan ja tarkoituksen.

10. Oma identiteetti tiedostetaan käynnistyvän prosessin kautta.

11. Itsetunto tervehtyy hengellisen kasvun myötä: haavat sidotaan ja siteet katkotaan.

12. Lihan, vanhan luomuksen, ristiinnaulitseminen alkaa.

13. Pelastuksen (veren) evankeliumi vaihtuu ristin evankeliumiksi.

14. Maitoruoka ei enää riitä, maito, joka on Jumalan lasten ravintoa. Vahva ruoka alkaa maistua. Vahvaksi Sanan tekee se, että Sana koskettaa lihaa, minua itseäni. Vahva ruoka on opetuslasten ravintoa.

15. Alkaa pukeutuminen myös hengelliseen voimaan.

16. Hengen hedelmät ilmaantuvat.

17. Ilmestysmajan rakenteessa ristin tie sisälle majaan käynnistyy polttouhrialttarilta. Tie kulkee vesialtaan kautta sisälle ilmestysmajaan, Jumalan valtakuntaan. (Liite 1)

18. Jumalan lasten joukosta eriytyvät tässä yhteydessä Jeesuksen opetuslapset.

19. Näistä jakeista alkaa myös yleinen pappeus. Leeviläisten joukosta nousevat papit, jotka ovat Aaronin (valaistu), ylipapin, poikia. He toimittavat pappistehtävää sisällä temppelin pyhässä ja pyhästä käsin. Kuninkaallinen pappeus toimii kaikkein pyhimmässä.

20. Vertauksessa kymmenestä neitsyestä öljy täyttää viisaiden astiat. (Matt. 25:4)

21. Vertauksessa leivisköistä kaksi leiviskää saanut alkaa asioida rahanvaihtajan kanssa. (Matt. 25:27)

JEESUS ON ASETTANUT KASTEEN

Laulujen Laulussa on kuningas Salomon kirjaamana meille ilmoitus apostolisesta Uuden Testamentin kasteesta: vesikasteesta, rukouksesta ja Pyhästä Hengestä Hyvänä Paimenena. *Kun siis kaikkea kansaa kastettiin ja myöskin Jeesus oli saanut* **kasteen** *ja* **rukoili,** *niin tapahtui, että taivas aukeni ja* **Pyhä Henki** *laskeutui hänen päällensä. (Luuk. 3:21,22)*

Jeesuksen kaste on ainoa kaste, joka täyttää kaiken (pron. *pas*) vanhurskauden, koko (*pas*) vanhurskauden, niin ettei mitään (*pas*) jää täyttämättä. Jeesus sanoi Johannekselle; *"Salli nyt; sillä näin meidän sopii täyttää* **kaikki** *(pas)* **vanhurskaus."** *(Matt. 3:15)* Salomon todistus Laulujen Laulussa pitää myös täysin yhtä Jeesuksen kasteen kanssa, ja selittää tarkasti apostolisen kasteen luonteen, luonteen, joka poikkeaa täysin kaikista muista kastekäytänteistä. Ja edelleen – Jeesuksen kasteen kuvaus löytyy kaikkissa Uuden Testamentin kastetta käsittelevissä jakeissa, kun niitä ilman ennakkokäsityksiä lähestytään "Jeesuksen kasteen" kautta.

Kaste Jordanilla merkitsi Jeesukselle **sitoutumista Golgatan uhrityöhön:** hän vuodatti verensä synnin ja lihan tekosyntien syyllisyyden tähden (veri, koofer), hän antoi ruumiinsa murrettavaksi meidän langenneen luontomme ja syntiruumiimme kukistamiseksi (risti, mirha) ja ylösnousemus sinetöi hänen verensä ja murretun ruumiinsa uhrin (Pyhä Henki, nardus).

Vastaavalla tavalla morsiussielu **sitoutuu kasteessa** oman langenneen lihansa ja syntiruumiinsa kuolemaan. Sitoutuminen merkitsee ristin ottamista ja Hyvän Paimenen seuraamista. Morsiamen alustava sitoutuminen tapahtui jo kihlauksen yhteydessä, kun hän hyväksyi lihansa kuoleman. (1:12-14) Lihan kuolema tarkoittaa koko vanhurskauden täyttämistä – ylösnousemista elämän vanhurskauteen. Pyhä Henki Hyvänä Paimenena vahvistaa ja sinetöi elämän vanhurskauden.

Tämän jakeen jälkeen lähdemme seuraamaan morsiamen mukana kyseistä prosessia. (2:4 - 4:14)

Länsimaisen ja myös suomalaisen kristillisyyden suuri onnettomuus, suuri eksytys, on pelastuksen evankeliumissa. Pelastuksen evankeliumi tuntee Jeesuksen veren, mutta vaikenee tyystin rististä ja oman itsekkään lihan kuolemasta. Näin tapahtuu, vaikka Paavali selvästi kirjoittaa meille: *"Ne, jotka ovat Kristuksen Jeesuksen omat (so. morsian) ovat ristiinnaulinneet lihansa himoineen ja haluineen."* (Gal. 5:24) Morsiussielut ja morsian huomioivat kyllä tämän Sanan. Tämän Paavalin kehotuksen ottavat vakavasti myös Jeesuksen opetuslapset; *joka ei kanna ristiänsä ja seuraa minua, se ei voi olla minun opetuslapseni... hän ei ole minulle sovelias.* (Luuk. 14:27; Matt. 10:38)

Mitä ovat siis ne kasteet, joita seurakunta tänään käyttää vaieten ja peittäen "Jeesuksen kasteen". Ainoan apostolisen kasteen sijaan käytetään lapsikastetta ja Apolloksen (Johanneksen) parannuksen kastetta. Vanhat kirkkokunnat pitävät perinteisesti kiinni lapsikasteesta. Vapaat suunnat käyttävät pelastuksen evankeliumin mukaisesti aikuis- eli uskovien kastetta, josta puuttuu ristin osuus – koko vanhurskaus ei täyty.

Näiden kahden kasteen edustajat ovat kiistelleet ja repineet toisiansa vuosisatojen ajan. Heille Paavali sanoo, etteivät riitelisi Kristuksen opin alkeista kuten kasteista. (Hepr. 6:1,2) Kumpikaan edellä mainituista kasteista ei täytä Jeesuksen asettaman kasteen uusitestamentillista kehystä. Kiivas kastekeskustelu ja riitely kasteista on siis ollut hengellisesti hedelmätöntä ja se on tapahtunut itse kasteen raamatullisen totuuden ulkopuolella. Väittelyä voi pitää opinkäsitysten itsekkäänä "kalisteluna". Se kiistely on vuosien saatossa ollut hengellisesti hyvin vahingollista toimintaa – uskonnollisuuden hengen riemuvoittoa. Monet ovat tästä syystä haavoitettuja. Keskustelu kasteesta on saatu pysäytettyä. Näin todellinen raamatullinen kaste – Jeesuksen asettama kaste – on sysätty syrjään. Ja juuri tämän tähden seurakunta on tänään lihallinen ja hengellisesti voimaton.

Silloin kaikki nämä neitsyet nousivat ja laittoivat lamppunsa kuntoon. Ja tyhmät sanoivat ymmärtäväisille: "Antakaa meille öljyänne, sillä meidän lamppumme sammuvat." (Matt. 25:7,8)

Morsiussielut – herätkää!

MIKSI KASTAMME?

Mikä erottaa Jeesuksen kasteen muista kastekäytänteistä? Peruskysymys on siinä – **miksi kastamme!** Käyttämämme kasteen funktio – kasteen määritelty tehtävä – ratkaisee. Sillä piirretty, ymmärretty, näky toteutuu varmasti – aivan varmasti. (Hab. 2:3)

Apolloksen (Johanneksen) parannuksenkaste suuntautuu taaksepäin jo tapahtuneeseen. Uudestisyntyminen sinetöidään kasteella. Lopulta "kuuliaisuuden" tekona kaste voidaan tämän jälkeen unohtaa. Pyhältä Hengeltä estetään näin Hyvän Paimenen tehtävä. Ei jää ketään, joka sanoisi: "Ottakaa ristinne ja seuratkaa minua."

Jeesuksen kaste kääntää katseen täysin tulevaan – hengelliseen kasvuun ja Jeesuksen tuntemiseen. Lopulta Jeesuksen omat – morsian ja Karitsan vaimo – ovat ristiinnaulinneet lihansa himoineen ja haluineen. Jeesuksen kasteen käynnistämä puhdistava prosessi on aina läsnä.

Jeesus asetti myös ehtoollisen. Ehtoollinen on Jumalan toinen työväline, joka pitää yhtä kasteen kanssa. Kasteen ja ehtoollisen sisältämän prosessin kautta Ylkä pukee morsiamensa. Ehtoollisen viini muistuttaa Jeesuksen verestä ja uudestisyntymisestä. (Joh. 3:3) Ehtoollisen leipä muistuttaa Jeesuksen rististä, syntiruumiin murtamisesta. *(Joh. 3:5)* Opetuslapsille ehtoollinen on muistutus liitosta ja sen edellyttämästä syntiruumiin, leivän, murtamisesta, mikä pitää yhtä Jeesuksen kasteen kanssa. Muille ehtoollinen on muistoateria.

Pyhä Henki laskeutui helluntaina kaiken lihan päälle. Silloin Jeesus antoi tavallaan Pietarin sanoissa kastekäskyn: *ottakoon* (pass. **imp.** aor.) *kukin teistä kasteen!*

Tehkää parannus, ja ottakoon kukin teistä kasteen Jeesuksen Kristuksen nimeen **syntienne anteeksisaamiseksi,** *niin te saatte Pyhän Hengen lahjan. (Apt. 2:38)*

Pietari tähdentää ensimmäiseksi uudestisyntymisen välttämättömyyttä; *tehkää parannus (metanoeo)*! (vrt. Joh 3:3) Sen jäkeen hän kehottaa henkilökohtaisesti ottamaan kasteen *syntien* (mon.) *anteeksisaamiseksi (afesis).* Yleisesti käytetty käännös osoittautuu kuitenkin ongelmalliseksi – kaste ja syntien anteeksisaaminen. Kasteen ja syntien anteeksiannon yhdistäminen viittaa Vanhaan Testamenttiin ja Johanneksen kasteeseen. *Johannes kastoi heidät Jordanin virrassa, kun he tunnustivat syntinsä (mon.). (Matt. 3:6)* Uudessa Testamentissa saamme anteeksi syntimme (yks.) ja syntiemme syyllisyyden Jeesuksen veren kautta. Jeesuksen veren ansiosta me voimme syntyä uudesti, ylhäältä, sillä elämä on veressä.

Kantaverbi *afiemi* (*afesis*) tarkoittaa kyllä anteeksiantamista, mutta se merkitsee myös: jättää, hylätä, luopua, päästää irti ja ottaa avioero. Uuden Testamentin todistuksen ja Jeesuksen kasteen mukaan Pietari sanoo:

"Ottakoon kukin teistä kasteen Jeesuksen Kristuksen nimeen **päästäksenne irti synneistänne,** *niin (sitä varten) te saatte Pyhän Hengen lahjan (Hyvän Paimenen). (vrt. Joh. 3:5)*

Huomattakoon vielä, että kasteen käynnistämä ja ylläpitämä täydellistämisprosessi jatkuu yli ajan rajan. Iankaikkisuus on aina läsnä ja läpäisee ajan.

Olemme edellä nähneet (2:3,4) ja tulemme jatkossa näkemään, kuinka keskeinen merkitys kasteella on uskovan hengelliselle elämälle ja hengelliselle kasvulle. Kasteesta voidaan puhua hengellisen elämän "kynnyskysymyksenä". On syytä muistaa profeetta Habakukia ja hänen näkyänsä. *Kirjoita näky (kasteesta) ja piirrä selvästi (sielun, hengen) tauluihin, että sen voi juostessa lukea. Sillä näky (kasteesta) odottaa vielä aikaansa, mutta se rientää määränsä päähän, eikä se petä. Jos se viipyy, odota sitä;* **sillä varmasti se toteutuu,** *eikä se myöhästy. (Hab. 2:2,3)*

Tämä Habakukin kirjaama totuus toteutuu aina jokaisen uskovan kohdalla kaikessa. Jos näky kasteesta on oikea, sen Jeesus voi siunata. Kasteen siunaus toteutuu hengellisenä kasvuna täysi-ikäisyyteen. Jos taas näky kasteesta on väärä, sen joudumme maksamaan hengellisessä elämässämme. Sillä myös väärä näky toteutuu varmasti. Habakukin näky koskee samoin sinua, joka et tahdo sotkeutua koko kastekeskusteluun, etkä tahdo selvittää itsellesi, mistä kasteessa on kysymys. Myös se olematon näky toteutuu tarkasti ja varmasti. Viisi tyhmää neitsyttä muistuttavat, kuinka dramaattisesti vajaa tai olematon näky kasteesta voi toteutua. Siksi viisaat neitsyet tarttuvat kirjoituksiin ja piirtävät itselleen tarkan ja todellisen näyn – tässä tapauksessa kasteesta. *Berean juutalaiset olivat jalompia kuin Tessalonikan juutalaiset; he ottivat sanan vastaan halukkaasti ja tutkivat joka päivä kirjoituksia, oliko asia niin (kuin heille oli puhuttu). (Ap.t. 17:11)*

Viisaat neitsyet – seuratkaa nyt morsianta, joka on "Jeesuksen kasteessa" sitoutunut ottamaan ristinsä, luopumaan lihansa pimeydestä.

Hän on lähtemässä Hyvän Paimenen ohjaamana etsimään koko vanhurskautta – Jeesuksen täyttä tuntemista; *kunnes me kaikki pääsemme yhteyteen uskossa ja Jumalan Pojan tuntemisessa täyteen miehuuteen, Kristuksen täyteyden täyden iän määrään.* (Ef. 4:13)

Jeesuksen kasteen yhteydessä *Pyhä Henki laskeutui Hänen päällensä ruumiillisessa muodossa, niin kuin kyyhkynen, ja taivaasta tuli ääni: "Tämä on minun rakas Poikani;* **sinuun minä olen mielistynyt.**" (*Luuk. 3:22*) Samoin Jeesus on Ylkänä mielistynyt jokaiseen kihlattuunsa, joka on sitoutunut kasteessa seuraamaan Hyvää Paimenta: sinä olet minun rakas kihlattuni, morsiameni, **sinuun minä olen mielistynyt.**

2.4 LILJAPROSESSIN TIE

Morsian
**2:5 Vahvistakaa minua rypälekakuilla,
virvoittakaa minua omenilla,
sillä minä olen rakkaudesta sairas.**

MATKAVARUSTUS

Kun israelilaiset lähtivät Egyptistä karitsan veren vapauttamina, he paistoivat teurastetun uhrikaritsan tulessa. Sen liha täytyi syödä matkavaatteisiin pukeutuneena sinä samaisena yönä katkerien yrttien kera. Kansa oli lähdössä pitkälle matkalle. Karitsan tulessa valmistettu liha oli matkaeväs. Oli kysymys rististä ja vanhan sukupolven kuolemasta matkalla. Katkerat yrtit viittaavat sidottavaan mirhakimppuun sydämen päälle (1:13). (2. Moos. 12:8-11)

Vahvistakaa **minua**, *virvoittakaa* **minua**, *sillä* **minä** *olen sairas.* Liljaprosessin alku vaikuttaa **minän** hätähuudolta. Hyvä Paimen aloittaa välittömästi paimentehtävänsä: ota ristisi ja seuraa minua. *Joka ei ota ristiänsä ja seuraa minua, se ei ole minulle sovelias. Joka löytää elämänsä, kadottaa sen, ja joka kadottaa elämänsä minun tähteni, hän löytää sen. (Matt. 10:38,39)*

Verbi *smk*, סמך (vahvistaa) merkitsee liljaprosessin käynnistymistä. *Herra sanoi Moosekselle: "Ota Joosua (Jeshua), Nuunin poika, mies, jossa on Henki, ja* **pane kätesi hänen päällensä** *(smk). Ja aseta hänet pappi Eleasarin ja kaiken kansan eteen ja* **aseta hänet virkaan** *heidän nähtensä. (4. Moos. 27:18,19)*

Morsiamen kohdalla viinimaja – kaste ja Pyhä Henki – vastaa sitä aikaa, jolloin Israelin kansa kulki Joosuan johdolla Jordanin kautta luvattuun maahan. Jordanin ylitystä seurasi maan valloitus Joosuaa (*Jeshuaa*) seuraten. Samoin Morsian on aloittamassa Hyvän Paimenen johdolla oman maaperänsä valloituksen ja vapauttamisen lihan siteistä.

Edellämainittu verbi vahvistaa, varustaa (*smk*, סמך) sisältää itsessään myös muistuman kihlauksesta. Verbin kaksi ensimmäistä radikaalia *sāmεk* (tuki) ja *mēm* (vesi) muodostavat nimittäin hepreankielen sanan *sam* (סַם), joka tarkoittaa **tuoksua**. Kolmas konsonantti *kaf* (kämmen) ilmaisee, kuinka morsiamen "sisimpään ovat kätkettyinä" (*kaf*) kihlauksen tuoksut: nardus, mirha ja koofer. Verbin radikaalit puolestaan kertovat, kuinka morsiamen kohdalla "on käynnistymässä hidas kääntyminen (*sāmεk*) sekasorron kautta (*mēm*) hänen sisimmässään (*kaf*) kohti temppeliä ja Jumalan valtakuntaa". *Semika*, verbin *smk* johdannainen, tarkoittaa peitettä ja verhoa. Liljaprosessissa Hyvä Paimen käy siis lihan peitteen eli Keedarin hunnun (1:5) kimppuun.

Rypälekakku koostuu niistä rikotuista viinirypäleistä, joista rypäleen veri on puserrettu pois. Rikotut rypäleet viittaavat ristiin – Kristuksen murrettuun ruumiiseen. Jäljelle jäänyt rypäleiden kuorimäski puristetaan rypälekakuksi. Rypälekakku on hyvin ravintorikas matkaeväs. Vastaavalla tavalla risti vapauttaa uuden luomuksen vanhan kuoleman kautta. Egyptistä lähdettäessä karitsan liha piti syödä kokonaan samana vapautumisen yönä. Jos lihasta jäi jotain jäljelle, se täytyi tulessa polttaa.

Tästä syystä myös morsian on "rakkaudesta sairas". Vanha luomus, liha hänessä, tuntee rakkauden läsnäolossa itsensä voimattomaksi ja itseasiassa jo kuoleman sairaaksi. Risti toteutuu rakkaudessa, Kuninkaan seurassa. (1:12) Rakkauden lippu kulkee edellä ristiin sidottuna. Verbi olla sairas (*ḥlh*, חלה) kertoo itsessään ristin vaikutuksesta liljaprosessissa: pehmetä, heikentyä, tuntea kipua, riutua, nääntyä, olla vaikeasti haavoittunut, olla kuoleman sairas. Nämä ovat lihan tuntemuksia rakkauden lipun alla.

Morsiamen pukeutuminen häitä varten on alkamassa. Omenilla virvoittaminen tarkoittaa verbin (*rpd*) radikaalien mukaan, että "Jeesuksen (*rēš*: pää) suun sanat avaavat hengellistä ymmärrystä (*pē*: suu) ja osoittavat avautuvan tien (*dālet*: ovi)". Omena on omenapuun hedelmä, Pyhä Henki.

Alkanut liljaprosessi tarkoittaa, että morsiamen tulee ensin tunnistaa vanhat vaatteet, oma lihansa. Verbi virvoittaa (*rpd*, רפד) merkitsee avaamista, levittämistä, vuoteen valmistamista, maaperän auraamista auki. *Leviatanin vatsapuolessa on terävät piikit, se kyntää (rpd) mutaa (tit, טיט) leveälti kuin puimaäes. (Job 41:21)* Leviatan – morsiamen kohdalla rakkauden lippu – avaa mutaa eli lihan maaperää (*tit*). Heprean sana *tit* tarkoittaa savea, jota savenvalaja muokkaa ja vaivaa käyttökelpoiseksi. (Jes. 41:25) Sanassa kaksi kertaa esiintyvä radikaali *tēt* merkitsee käännettä ja muutosta. *Savi muuttuu sinetin alla, ja kaikki tulee kuin vaatetettuna esiin. (Job 38:14)*

Morsian käyttää sanoja vahvistaa ja virvoittaa. Hän näyttää jo kiirehtivän Hyvää Paimenta matkaan. Morsian on ymmärtänyt Jeesuksen ristin ja kasteen hengellisen merkityksen. Hengellisen kasvun tie Hyvää Paimenta seuraten on alkanut.

Ilmestysmajassa kasteallas sijaitsee alttarin ja majan välissä. (*Liite 1*) Papit pesivät siinä jalkansa ja kätensä, ennen kuin he menivät sisälle majaan suorittamaan palvelusta. Kasteallas merkitsee kasvuprosesseja: liljaprosessi alkaa alttarilta ja päättyy majan ovelle; se tarkoitta sukeltamista kasteen hautaan. (2:3-7) Majan ovelta käynnistyy sitten morsiusprosessi, joka merkitsee ylösnousemista kasteen haudasta. Hääasuun pukeutuva morsian siirtyy morsiusprosessissa temppelin pyhän läpi. Ja viimein hän käy suitsutusalttarin tulen kautta kaikkein pyhimpään. (3:5,6)

Sisälle majaan ja Herra työhön ei voi astua tahraisin käsin, ei itse-varmoin askelin eikä vilpillisin sydämin. Sen tähden on tuli.

Teidän tulee panna pois vanha ihmisenne, jonka mukaan te ennen vaelsitte, joka turmelee itsensä petollisia himoja seura-ten,

ja uudistua mielenne hengeltä

ja pukea päällenne uusi ihminen, joka Jumalan mukaan on luotu totuuden vanhurskauteen ja pyhyyteen. (Ef. 4:22-24)

Morsian
**2:6 Hänen vasen kätensä on minun pääni alla,
ja hänen oikea kätensä halaa minua.**

Hääperinteen mukaisesti Ylkä on lähtenyt viinimajan jälkeen isänsä kotiin, häätaloon. Hän menee järjestelemään hääjuhlaa ja valmistamaan morsiamelle sijaa isänsä kotona. Tulevan vuoden aikana myös morsian valmistaa itseänsä häitä varten. Hän käyttää morsiamen hinnan lähinnä hääasunsa valmistamiseen. Pyhä Henki jää morsiamen hintana autta-maan morsianta hääasuun pukeutumisessa. Näin sovittiin avioliittoneu-votteluissa.

Ja kihlattu morsian on innoissaan – kuin jälleen uudesti syntynyt. Hyvän Paimenen käsivarsien kannattelemana hän lähtee seuraamaan rakkauden lippua.

Lilja itsessään merkitsi kaksoiskukkana Jeesuksen Kristuksen syliä. (2:1) Tässä jakeessa kohtaamme jälleen Vapahtajan rakkauden käsivar-ret; Hänen vasen kätensä on pään alla ja oikea sydämen päällä. Hyvän Paimenen vasen käsi hoitaa morsiamen mielen, sielun, aluetta ja oikea hänen sydäntänsä, henkeänsä. Kun prosessi käynnistyy ja lähdetään matkaan, Hyvä Paimen täyttää morsiamen temppelin pyhän ja kaikkein pyhimmän läsnäolollaan. Hyvän Paimenen käsivarret on hyvä muistaa tulevan talven sateissa ja kylmissä viimoissa.

Tämä jae merkitsee myös morsiamen aktivoitumista seurakunnassa. Hänellä on nyt Pyhä Henki. Hän tuntee olevansa valmis hengelliseen työhön. Ja tekevälle löytyy työtehtäviä. Uudestisyntymisen jälkeen "äitini pojat" panivat hänet hoitamaan toisten viinitarhoja. Silloin tuleva morsian uupui ja tuli monin tavoin haavoitetuksi. Oma viinitarha jäi hoitamatta, kun aika kului veljien ja sisarien viinitarhoissa. (1:6) Mutta nyt on tilanne toinen. Hän on saanut Pyhän Hengen. Kuinka täysisydämisesti hän antautuukaan jälleen hengelliseen työhön. Oikein ilo täyttää sydämen Hyvän Paimenen käsivarsien syleilyssä.

OMAN LIHAN TUNNISTAMISTA

Morsian Jerusalemin tyttärille (Liite 2)
2:7 Minä vannotan teitä, te Jerusalemin tyttäret,
 gasellien tai kedon peurojen kautta:
 älkää häiritkö, älkää häiritkö rakkautta,
 ennen kuin se itse haluaa.

Morsian hoitaa jälleen toisten viinitarhoja. Kaikki näyttää sujuvan Hyvän Paimenen seurassa oikein hyvin. Mutta aikaa myöten hyvätkin aloitteet alkavat kangerrella. Toisaalla aktiivisuus sammuu. Välillä on ilon pilkahduksia, mutta jälleen toiminta hiipuu. Talven kosteat ja kylmät tuulet henkivät. Ovia menee kiinni eikä uusia avaudu. Kuinka tämä on mahdollista – Hyvän Paimenen seurassa? Vähitellen uupumus valtaa ja tulee lopulta täysin hiljaista. Miten tässä nyt kävi jälleen näin? (1:6) Miksi Hyvä Paimen hylkäsi hänet?

Katse kääntyy kysellen Hyvän Paimen puoleen: "Herra, missä sinä olet?" Liljaprosessi on johtanut hiljaisuuteen, niin kuin luontokin vetäytyy talvilepoon. Omat voimat on kulutettu jälleen kerran loppuun ja päädytty umpikujaan.

Mutta – erämaan hiljaisuudessa on vihdoin mahdollista ymmärtää, että Jumalan työtä ei tehdä lihan käsivarsin.

Leviatan on kyntänyt auki lihan maaperän. Ja savi muokkautuu savenvalajan käsissä. Liljaprosessi jakautuu kuohuntavaiheeseen ja erämaan hiljaisuuteen. Äänetön erämaa alkaa nyt puhua. Hyvän Paimenen lempeä ääni tavoittaa pysähtyneen ja omiin kättensä töihin juuttuneen kihlatun. Kun tekojen temmellyskenttä on saatu vaikenemaan, tulee Hyvän Paimenen aika. Viinimajasta alkaen Hän on aurannut morsiamen sielun ja sydämen maaperää auki. Orjantappuroita kasvava sielun maaperä (adāmā, אֲדָמָה) avataan ylösalaisin. Kaikki, mikä on vanhaa ja saastunutta, tuodaan esiin.

Juuri tämä on liljaprosessin tarkoitus: oppia erottamaan lihan teot ja Jumalan työ, tunnistaa liha itsessä – oma minä ja lihan syntiruumis – vaikka se olisi kuinka vastenmielistä. Tämä hengellisen kasvun vaihe liittyy luonnollisella tavalla Kristuksen kärsimyksiin. Paavali kirjoittaa: *mikä **vielä puuttuu** Kristuksen ahdistuksista, sen minä täytän lihassani hänen ruumiinsa hyväksi. (Kol 1:26)* Paavali puhuu "kärsimyksen kasteesta". Kristus kärsii vielä oman ruumiinsa kautta morsiussieluissa, jotka etsivät ristin kautta Jeesuksen täyttä tuntemista. Liljaprosessi merkitsee sitä, mikä vielä puuttuu Kristuksen kärsimyksistä.

Kristuksen ahdistuksista puuttuu se, mitä Hän morsiamessaan, seurakuntaruumiissaan, vielä kärsii ahdistusta. Morsian kokee ahdistavana sen, että hän joutuu toteamaan oman itsensä, lihansa, kelvottomuuden. Hänen lihan olemuksensa on saastainen vaate Kristuksen pyhyyden lähestyessä. Kristus kärsii ahdistusta kanssamme. Sen tähden hänen rakkauden käsivarret ympäröivät tulevaa morsianta tämän liljaprosessissa. Mutta Hän kärsii myös siitä, että hänen ruumiinsa on niin lihallinen ja sellaisena hänelle soveltumaton. Ja kuinka vaikeaa uskoville onkaan osallistua omalla kohdallaan siihen, mikä vielä puuttuu Kristuksen ahdistuksista: luopua lihansa syntiruumiista, kuolla itselleen, jota me niin ylen rakastamme. Paavali kirjoittaa vielä Kristuksen kärsimyksiin ja ahdistuksiin osallistumisesta: *tunteakseni hänet ja hänen ylösnousemisensa voiman ja hänen kärsimyksiensä osallisuuden, tullessani hänen kaltaisekseen samankaltaisen kuoleman kautta. (Fil. 3:10)*

Samoin kuin Kristuksen kärsimykset runsaina tulevat meidän osaksemme, samoin tulee meidän osaksemme myöskin lohdutus runsaana Kristuksen kautta. Mutta jos olemme ahdistuksessa, niin tapahtuu se teille lohdutukseksi ja pelastukseksi; jos taas saamme lohdutusta, niin tapahtuu sekin teille lohdutukseksi, ja se vaikuttaa, että te kestätte samat kärsimykset, joita mekin kärsimme; ja toivomme teistä on vahva, koska me tiedämme, että samoin kuin olette osalliset kärsimyksistä, samoin olette osalliset myöskin lohdutuksesta. (2. Kor. 1:5-7)

Rakkaani, älkää oudoksuko sitä hellettä, jossa olette ja joka on teille koetukseksi, ikään kuin teille tapahtuisi jotain outoa, vaan iloitkaa, sitä myöten kuin olette osallisia Kristuksen kärsimyksiin, että te myös hänen kirkkautensa ilmestymisessä saisitte iloita ja riemuita. (1. Piet. 4:12,13)

Lihan kuolema on siis osallisuutta luonnollisella tavalla "kärsimyksen kasteeseen".

Tätä hengellistä opetusvaihetta ei voi ohittaa. Ainoastaan Hyvä Paimen tietää, milloin morsian on oivaltanut asian omalla kohdallaan. Morsiusasuun pukeutumista edeltää lihan vaatteiden tunnistaminen ja valmius luopua niistä. Siksi kihlauksen yhteydessä mirha sidottiin kimpuksi kihlatun morsiamen sydämen päälle. Ja hän hyväksyi mirhakimpun sidottavaksi.

Liljaprosessin esikuvaksi nousevat ilmestysmajassa palvelevat naiset (morsian). He toivat Besalelille vaskipeilinsä, kuvastimet, joista oli mahdollista nähdä oma kuva hämärästi arvoituksen tavoin. (1. Kor. 13:12) Näistä vaskipeileistä Besalel teki liljanmuotoisen vaskialtaan pappien peseytymistä varten. (2. Moos. 38:8)

Jos liljaprosessin paljastavaa työtä ei käydä läpi perusteellisesti syvimpiin aivoituksiin asti, morsiusasuun pukeutuminen ei onnistu. Hääasussa ei voi olla ainoatakaan virhettä. *Katso, minä suostuttelen häntä, vien hänet autiomaahan ja puhun hänen sydämelleen. Siellä minä annan hänelle viinitarhan ja muutan Aakorin laakson toivon portiksi. Siellä hän vastaa kutsuuni niin kuin nuoruutensa päivinä, niin kuin sinä päivänä, jolloin hän lähti Egyptin maasta. (Hoos. 2:16,17).* Hoosea kirjoittaa morsiussieluista, Kristuksen morsiamesta.

Omaa kunniaa niin helposti etsivä ihmissielu masentuu näissä kylmissä tuulissa. Mutta jos tiedät seuraavasi Hyvää Paimenta, joka on ottanut sinusta vastuun, sinä itse asiassa iloitset hiljaisuudessa tästä ristin auraamasta sydämen maaperästä. Ja rohkaisuksi huomatkaamme vielä gasellit ja kedon peurat. Tässä jakeessa ne ovat molemmat naaraita yksilöitä. On kysymys äidin sylistä. Hyvä Paimen ympäröi siis liljaprosessia varten morsiussielunsa kolminkertaiseen rakkauden syleilyyn. (2:1,6,7) Ja rakkaus tietää, mitä hän tekee. Nikodeemus kysyi Jeesukselta, kuinka tämä kaikki voi tapahtua. Jeesus osoitti hänelle uskon. Kaikki tapahtuu uskon ja luottamuksen kautta.

Olkoot nämä sanat rohkaisuna jokaiselle liljalle, joka kokee talven viimat ahdistavina. Et ole yksin etkä ensimmäinen. Luota Hyvään Paimeneen. Nojaudu turvallisesti häneen. Hyvä Paimen tietää tarkalleen, mitä Hän tekee.

Liljaprosessin nimi tulee ilmestysmajan ja Salomon temppelin osoittamasta tiestä esipihan polttouhrialttarilta temppelin ovelle. Kasteallas on liljan muotoinen. (1. Kun. 7:26) Samoin kaksi kookasta pylvästä temppelin ovella ovat suuria liljoja. (1. Kun. 7:19); niistä toinen on nimeltään Jaakin (Hän vahvistaa.) ja toinen Booas (Hänessä on voima.). Jeesus puhui tästä tiestä, joka vie hengelliseen voimaan. Jeesus sanoi olevansa tämä seitsemän portin kautta kulkeva tie. (Liite 1)

2.5 YLKÄ PALAA TAKAISIN MORSIAMEN KOTIIN

Morsian
2:8 Kuule! Rakkaani tulee!
Katso, tuolla hän tulee
hyppien vuorilla, kiitäen kukkuloilla.

2:9a Rakkaani on gasellin kaltainen
tai nuoren peuran.

Hääperinteen mukainen vuosi on kulunut Yljän lähdöstä. Hänen paluunsa vuosipäivä ei kuitenkaan tarkoita "kalenterivuotta". Jakson kesto määräytyy liljaprosessin henkilökohtaisesta valmistumisesta. Hyvä Paimen tunnistaa tarkoin, milloin lilja on ymmärtänyt lihan ja Hengen eron. Pyhä Henki tietää kyllä hetken, jolloin morsian on valmis luopumaan omista töistänsä ja täyttämään ainoastaan Herran osoittamat teot. Kun morsiussielun sydän on murtunut rakkauden käsivarsien syleilyssä, Hyvä Paimen ilmoittaa Yljälle, että "vuosi on kulunut" hänen lähdöstänsä.

Kun "vuosipäivä" lähestyy, morsiamen ajatukset etsiytyvät ylös vuorille. *Sillä näin sanoo Korkea ja Ylhäinen... "Minä asun korkeudessa ja pyhyydessä ja niitten tykönä, joilla on särjetty ja nöyrä henki, että minä virvoittaisin nöyrien hengen ja saattaisin särjetyt sydämet eläviksi." (Jes. 57:15)*

Morsian tunnistaa kammioonsa kätkeytyneenä, kuinka kaipaus Yljän puoleen kasvaa hänen sydämessään. Hänen sisimmässään herää voimakas *dōd*-rakkauden tunto. Tiedämme, että *dōd* on vastarakkaus Yljän osoittamaan *ahavā*-rakkauteen. Tässä yhteydessä morsian kutsuu Ylkää kolme kertaa rakkaaksensa (*dōd*). (2:8-10) Hengessään hän siis tiedostaa, että Ylkä (*ahavā*) on tulossa. Profeetta Haggai kehottaakin morsianta nousemaan vuorille ja tuomaan sieltä puita temppelinsä rakennusta varten. *Nouskaa vuorille, tuokaa puita ja rakentakaa temppeli, niin minä siihen mielistyn ja näytän kunniani.* (*Hagg. 1:8*) Niinpä morsian kohottaa kaipaavan katseensa ylös vuorille. Hänen liljaprosessin murtama henkensä kurottautuu Jeesuksen puoleen. Ja silloin hänen sydämensä värähtää ja mielensä huudahtaa: "Kuule, rakkaani tulee! Katso – katso, nyt hän tulee!"

Yljän tulo ilmaistaan gasellin tai nuoren peuran saapumisena. Sanat gaselli ja peura ovat yksikkömuodossa ja molemmat ovat urospuolisia hirvaita. Vuorilta, yli kukkuloiden, saapuu yksi mieshenkilö. Hän on Kristus Jeesus, Ylkä. Ja millä tavoin hän lähestyy? Ylkä kiirehtii kuin nuori, malttamaton peura ja hypähdellen ilosta kuin gaselli. Ylkäkin on kaivannut kihlattuansa.

Hengellisen kasvun tie kuvataan Laulujen Laulussa kolmena sisäkkäisenä temppelinä. (Liite 1) Tie muodostuu seitsemästä portista, joiden kautta kihlattu morsian kulkee kohti hääjuhlaa. Kihlaus tapahtui toisen temppelin esipihassa. (1:12–14) Viinimajan polttouhrialttarilta käynnistyi itse tie. Yljän saapuminen tarkoittaa siirtymistä kastealtaan kautta sisälle ilmestysmajaan. (2:8–17) Hääasuun pukeutuminen alkaa. Morsian on vaskipylväiden – Jaakinin (Hän vahvistaa) ja Booaksen (Hänessä on voima) – luona. (Liite 1) Hän pyrkii neljännestä ovesta toisen temppelinsä pyhään. Morsian on siirtymässä sisälle Jumalan valtakuntaan. Tästä tiestä Jeesus kertoi Nikodeemukselle: *joka ei synny vedestä ja Hengestä, hän ei voi päästä sisälle Jumalan valtakuntaan.* (*Joh. 3:5*)

Viisaat neitsyet jäävät vielä talven uuvuttamina nukkumaan esipihaan. Mutta morsian kuulee Yljän saapuvan. Hän nousee. Öljy alkaa tässä vaiheessa valua morsiamen astiasta lamppuun. Pyhän Hengen viini kohoaa voiteluna hengestä hänen mielensä alueelle; ja edelleen *hänen vasen kätensä on minun pääni alla.* (*2:6*)

Viisi leiviskää saanut palvelija tarttuu leivisköihinsä ja alkaa asioida niillä rahanvaihtajan kanssa. (Matt. 25:22)

Morsian (Liite 2)

2:9b Katso, tuolla hän seisoo seinämme takana,
katsellen ikkunoista sisään,
kutsuen liikkeelle piilopaikoista.

Ylkä saapuu. Hän löytää kihlattunsa seinän takaa. Hän katselee morsianta ikkunoiden lävitse. Mitä seinä ja ikkunat, jotka erottavat morsiamen Yljästä, merkitsevät?

Morsian on liljaprosessin seurauksena kammionsa hiljaisuudessa. Ovet ovat suljetut ja ikkunat lukitut. Hänen hengellinen toimeliaisuutensa on tyystin sammunut. Seinä on noussut eteen. Useat käännökset puhuvat myös ikkunoiden ristikoista. Tulevan morsiamen hengellisen elämän, hänen oman temppelinsä, rakentuminen alkoi lehtimajasta. (1:16) Viinimajan jälkeinen riemu ja vauhdikas työjakso eristivät hänet lopulta yksinäisyyteen. Hyvän Paimenen asettaman seinän edessä hän muistaa suloista kihlaustansa. Ylkä lupasi silloin vapauttaa hänet faraon vaunuista (1:9). Mutta hänen tilanteensa näyttää vain pahentuneen. Jäykkä seinä viittaa sidottuun henkeen. (Ristikko)ikkunat tarkoittavat hänen mieltään ja hengellistä näkökykyään. Keedarin musta huntu estää edelleen – ja erityisesti nyt – häntä näkemästä hengellisiä hengellisesti.

SEINÄN EDESSÄ JA IKKUNOIDEN TAKANA

Hepreankielen sana *kotel*, כֹּתֶל (seinä) mainitaan Raamatussa ainoastaan tämän kerran. Belsassarin pidoissa Jumalan käsi kirjoitti seinään (*ketal*, כְּתַל aram.) viestin kuningas Belsassarille: *Sinut on vaa'alla punnittu ja köykäiseksi havaittu. (Dan. 5:27)* Morsiamelle tämä sana merkit-

see oman itsen kuninkuuden horjumista. Liljaprosessissa hän sai tehdä
"Jumalan työtä" omin voimin, kunnes omat voimat loppuivat.

Ylkä on tullut ja seisoo (*'md,* עמד) nyt morsiamen seinän edessä,
hän, joka seinän on asettanutkin. Verbi *'md* (seisoa) ilmaisee, minkä
tähden Ylkä on saapunut. *Herra muistaa liittonsa iankaikkisesti... liit-*
tonsa, jonka hän teki Aabrahamin kanssa ja Iisakille vannomansa valan.
Hän **vahvisti** *('md) sen käskyksi Jaakobille, Israelille iankaikkiseksi*
liitoksi. (Ps. 105:8-10) Ylkä on saapunut kihlattunsa kanssa tekemänsä
liiton takia. Kihlaus ja kaste merkitsivät liittosopimusta Jeesuksen kans-
sa. (1:13; 2:3,4) Hyvä Paimen on morsiamelle tämän liiton sinettinä.
Ylkä on palannut avioliittosopimuksen mukaisesti pukemaan kihlattun-
sa häävaatteisiin. Ylösnousemus kasteen haudasta on alkamassa. Ylkä
johdattaa morsiamensa sisälle Jumalan valtakuntaan so. temppelin py-
hään. (Joh. 3:5)

Kun Ylkä katselee nyt ikkunoista, hän tutkii ja läpivalaisee katseel-
laan morsiamen mielen ajatukset ja sydämen aivoitukset. Hepreankielen
sana *hallōn,* חלון (ikkuna) paljastaa koko liljaprosessin tarkoituksen.
Kantaverbi *hll* merkitsee lävistämistä, haavoittamista ja häväisemistä.

> *Sinä Herra, Herra, auta minua nimesi tähden, sillä sinun ar-*
> *mosi on hyvä, pelasta minut. Sillä minä olen kurja ja köyhä,*
> *ja sydämeni on* **haavoitettu** *(hll) minun rinnassani. (Ps.*
> *109:21,22)*

Minkä tähden hänen henkensä tulee olla murrettu?

> *Heräjä, heräjä, pukeudu voimaan, sinä Herran käsivarsi. Etkö*
> *sinä ole se, joka löit Rahabin kuoliaaksi, joka* **lävistit** *(hll)*
> *lohikäärmeen? (Jes. 51:9)*

Rahab tarkoittaa Egyptiä, melunpitäjää. Mutta Ylkä on nyt saapunut. Hän on ikkunan ristikoiden takana.

*Hän on **haavoitettu** (ḥll) meidän rikkomustemme tähden. (Jes. 53:5)*

Hänen päällänsä oli rangaistus, että meillä olisi rauha.

*Herra Sebaot on sen päättänyt, **häväistäkseen** (ḥll) kaiken koreuden korskan. (Jes. 23:9)*

Herran Sebaotin suunnitelman mukaan liljaprosessi ja risti kuuluvat morsiamen hengellisen kasvun vaiheisiin. Herra Sebaot on päättänyt, että hän saattaa häpeään (ḥll) kaiken omanarvontunnon, mikä nousee ylpeydestä, ihmisen omasta lihasta. (Jes. 23:9) Keedarin teltan pimentävät liepeet ovat ikkunan ristikoissa. *Faraon turva koituu teille häpeäksi ja suojan etsiminen Egyptin varjosta häväistykseksi. (Jes. 30:3)* Sen tähden morsian on nyt hiljaisuudessa ja odottaa. Hän tuntee hyvin lihansa kelvottomuuden ja erottaa lihan ja Hengen, vanhan ja uuden. Silti hän on edelleen Rahabin (Egyptin) sitoma. Mutta – kihlattu morsian on vihdoin vapautumassa faraon vaunuista. Sen tähden Ylkä on saapunut. (1:9)

KUTSU LIIKKEELLE PIILOPAIKOISTA

Morsiamen piilopaikan (*ḥarakkim,* חֲרַכִּים) ilmaisevat jakeen viimeiset sanat: *kutsuen liikkeelle piilopaikoista.* Raamatun teksteissä kyseiseen sanaperheeseen kuuluvat ainoastaan substansiivi *ḥarak* (piilopaikka) ja verbi *ḥrk* (saada liikkeelle). Molemmat sanat mainitaan Raamatussa ainoastaan yhden kerran. *Laiska **ei saa ajetuksi** (ḥrk) itselleen* *riistaa.* (*Sananl. 12:27*) Verbi tarkoittaa siis "liikkeelle saattamista". Substantiivi *ḥarak* joutuu pakostakin nojautumaan kantaverbiinsä. Ja sen ymmärrämme verbin mukaan, että on kysymys piilopaikasta liikkeelle lähtemisestä.

Löytyykö ehkä radikaaleista vielä lisäapua? Mitä sanan *ḥarak* radikaalit mahtavat meille kertoa?

Kaksi ensimmäistä radikaalia muodostavat hepreankielen sanat *ḥur* ja *ḥor.* Sanat tarkoittavat koloa, luolaa. Lisäksi jälkimmäinen, *ḥor,* merkitsee myös vankihuonetta, piilopakkaa *(Jes. 42:22).* Ja tässä tilassa morsian on parhaillaan, kun hänen liljaprosessinsa on päätöksessä: vankihuoneeseen sidottuna, kätkettynä piilopaikan hiljaisuuteen. Kolmas radikaali *kaf* tarkoittaa "kämmentä, avaamista ja liikettä jotakin kohti". Adjektiivina *ḥur* kertoo vapaasta ja jalosukuisesta morsiamesta. Ja juuri sitä onkin aikanaan hääasuun puettu morsian – vapaa ja jalosukuinen.

Entä verbi kutsua (*ṣwṣ*)?

Verbin *ṣwṣ,* צוץ (kutsua) perusmerkitys on kukkia, kukoistaa ja loistaa. Tämä verbin merkitys viittaa vapaaseen ja jalosukuiseen. Mutta Ylkä on tässä vaiheessa kutsumassa morsianta vasta morsiusprosessiin? Morsian täytyy siis saada liikkeelle piilopaikastansa. Verbin *ṣwṣ* radikaaleista mainitaan *ṣādē* (צ) kahteen kertaan. *Ṣādē* (kalakoukku) tarkoittaa houkutinta ja puoleensa vetämistä. Verbin kaikki kolme radikaalia yhdessä kertovat, kuinka "Ylkä kutsuu (*ṣādē,* kalakoukku) yhteyteensä (*wāw,* naula) houkutellen ja puoleensa vetäen (*ṣādē,* kalakoukku)". Kun muistamme vielä, että radikaali *kaf* tarkoitti kämmentä, avaamista ja liikettä jotakin kohti, niin "Ylkä itse asiassa kutsuu morsianta ikkunoiden takaa käsimerkein viittilöiden ulos piilopaikoista – yhteyteensä".

Yljän ja morsiamen katseet kohtaavat ikkuna-aukoissa. Morsiamen kyyhkysensilmät kirkastuvat jälleen. Kaipaava mieli elävöityy, kun se saa nähdä Yljän kasvoista kasvoihin. Kasvot tarkoittavat sielua, persoonaa, ja silmät ovat sielun peili. Morsianta odottaa uusi alku. Liljaprosessi on vaihtumassa morsiusprosessiksi. Ylösnouseminen kasteen haudasta alkaa. *Sillä jos me olemme hänen kanssaan yhteenkasvaneita yhtäläisessä kuolemassa, niin olemme samoin myös* **yhtäläisessä ylösnousemuksessa.** *(Room. 6:5)* Seinä murtuu. Esirippu temppelin pyhään avautuu. Kihlattu morsian käy sisään rakentuvan temppelinsä neljännestä portista. (Liite 1)

2.6 Kutsu morsiusprosessiin

Ylkä morsiamelle
2:10 Rakkaani lausuu ja sanoo minulle:
"Nouse, armaani, sinä kaunoiseni, ja tule.

2:11 Sillä katso, talvi on väistynyt,
sateet ovat ohitse, ovat menneet menojaan."

Ylkä alkaa nyt puhua morsiamelle ikkunoiden kautta. Yljän käyttämä kutsumanimi "armaani" tarkoittaa Hyvän Paimenen ääntä. Kun Jeesus kutsuu morsianta armaaksensa, se ilmaisee aina uuden ajanjakson käynnistymistä. Tässä kuulemme Paimenen äänen neljännen kerran. Sekin merkitsee luomisen lukuna uuden kasvuvaiheen alkamista. Herra luo uutta. Ylkä kehottaa nyt kihlattuansa nousemaan ylös ristikoiden takaa, katkomaan kapalovyöt, siteet faraon vaunuihin.

Lampaat kuulevat paimenensa ääntä; ja hän kutsuu omat lampaansa nimeltä ja vie heidät ulos. (Joh. 10:3)

Ylkä seisoo talvisten seinämien ulkopuolella. Hyvän Paimenen suloinen ääni kuuluu ikkunoiden takaa. Morsian tunnistaa tutun äänen kuninkaan pöydästä: *sinä armaani, sinä naisista kaunein.* Se on paimenen ääni. On syytä purkaa seinät ja murtaa ikkunoiden ristikot. On tullut aika riisua vanhat ja mustat lihan vaatteet. On ainutlaatuista saada pukeutua morsiusasuun: ihanaan ja puhtaaseen. Talven vilu ja väsymys on hetkessä pyyhitty pois.

Talvikauden aikaiset esivalmistelut on tehty. Kihlatun morsiamen sydän sulaa Yljän kutsuun: "Armaani, sinä, joka olet naisista kaunein, nouse ja tule mukaani." Morsiamen pukeminen häävaatteisiin on alkamassa.

Ylkä kutsuu kihlattuansa kaunokaiseksi. Hän käyttää heprean sanaa *yāfā*, יָפָה. *Yofi*, יְפִי merkitsee yliluonnollista kauneutta. Muun muassa Aabrahamin vaimo, Saara, oli hyvin kaunis nainen (*yāfā*). Kun tuleva morsian alkoi etsiä todellista paimenta (1:8), Jeesus kutsui häntä "naisista kauneimmaksi" (*yāfā*). *Yofi* tarkoittaa uuden luomuksen kauneutta, kauneutta, jossa on hienoinen valon hohde. Nyt alkava morsiusprosessi vastaa hyvin silloista liikkeelle lähtöä: *sano minulle sinä, jota sieluni rakastaa, missä laumaasi paimennat. (1:6)* Nytkin hän on odottanut Hyvää Paimenta – Paimenen yhä läheisempää tuntemista. Samalla morsian on löytämässä oman identiteettinsä mukaisen todellisen kauneutensa (*yofi*).

Alkava morsiusprosessi merkitsee astumista sisälle temppeliin, sen pyhään. Majan ovella ovat kaksi suurta liljaa, joiden huipulla palaa valaiseva tuli: Booas (Hänessä on voima) ja Jaakin (Hän vahvistaa). Alkaa nouseminen ylös kasteen haudasta; *jos olemme hänen kanssaan yhteenkasvaneita yhtäläisessä kuolemassa, niin olemme samoin myös **yhtäläisessä ylösnousemisessa**. (Room. 6:5)*

Yljän saapuminen on kuin auringon nousu. Lisääntyvä valo ja lämpö sulattavat seinämät ja murtavat ristikot. Uuden elämän herääminen kuvataan kevään murtautumisena vapaaksi talven kahleista. Talven jää sulaa, ja kylmät sateet väistyvät. Liljaprosessi – sen viimeiset vaiheet ja hiljaisuus – on osoittanut morsiamelle oman lihan ja omien tekojen kelvottomuuden Jumalan edessä. Lihan itsekkäät valtapyrkimykset ovat paljastuneet. Ne ovat sen tähden lähellä luhistumistaan. Suuri murros käynnistyy morsiamen elämässä.

Uusi luomus nousee ylös vanhan kuolemasta. (Room. 6:5)

Ylkä morsiamelle
2:12 Kukkaset ovat puhjenneet maahan,
   laulun aika on tullut,
   ja metsäkyyhkysen ääni kuuluu maassamme.

Kevät merkitsee koko luomakunnan riemullista heräämistä – kasvien ja eläinten. Niin myös kihlatun morsiamen sielun ja hengen maaperä yhtyy luomakunnan riemulauluun. Hänen sydämensä maaperä puhkeaa kukkaloistoon. Käytetty hepreankielen sana *niṣṣānim* ilmaisee, että kukkaset heijastavat jo taivaallista kirkkautta. *Niṣṣānim*, נִצָּנִים (kukkaset) on kyseisen sanan ainoa maininta Raamatussa. Se merkitsee ainutlaatuista ja henkilökohtaista Jeesuksen kosketusta ristikoiden taakse. Yksi Yljän katse ristikoiden takaa synnyttää morsiamessa Hänen kirkkautensa hohteen. Onhan morsian jo alun alkaenkin luotu Jumalan kuvaksi ja Yljän kaltaiseksi.

Metsäkyyhkynen (*tōr,* תּוֹר) on muuttolintu. Toisaalta *jōnā* (יוֹנָה , kyyhkynen) esiintyy Laulujen Laulussa kuusi kertaa. Kuusi on ihmisen luku. Metsäkyyhkynen (*tōr*) on siis kyyhkysen seitsemäs maininta. Seitsemän on Jeesuksen luku. Jeesus on siis saapunut kihlattunsa luo. Muuttolintuna *tōr* tarkoittaa näin ollen Yljän saapumista. Sanan *tōr* radikaalit kertovat "ristin nauloin (*tāw,* risti) haavoitetusta Jeesuksesta (*rēš,* pää)". Kantaverbi merkitsee tutkimista ja selvän ottamista. *Tōra* (תּוֹרָה, opetus) ilmaisee, että metsäkyyhkynen on tullut pukemaan morsiamen juhla-asuun.

Metsäkyyhkysen laulussa kuuluu Opettajan ja Paimenen ääni.

Laaksosta – morsiamen sydämestä – kantautuu laulu (*zāmīr,* זָמִיר), johon metsäkyyhkysen ääni sulautuu. *Zāmīr* tarkoittaa soittimin säestettyä ylistyslaulua. Kantaverbi merkitsee paitsi laulua myös viiniköynnösten kevätleikkausta. Laulu nousee siis keväisistä viinitarhoista. Viinitarha kertoo heräävästä hengellisestä elämästä ja viiniköynnös morsiamesta.

Viiniköynnösten kevätleikkaus tarkoittaa uusien versojen kohottamista tukilankoihin. Köynnöksen kiinnittäminen tukilankaan merkitsee ristiin sitoutumista. Jeesus kertoi häävieraasta, jolla ei ollut häävaatteita. Hän yhdisti häävaatteet jalkojen ja käsien sitomiseen. *Ystävä, kuinka sinä olet tullut tänne sisälle, vaikka sinulla ei ole häävaatteita? Mutta hän jäi sanattomaksi. Silloin kuningas sanoi palvelijoille: "Sitokaa hänen jalkansa ja kätensä."* (*Matt. 22:12,13*) Jalkojen ja käsien sitominen merkitsee omista töistä luopumista, mirhakimpun sitomista. Vaakasuoriksi kiinnitetyt viinipuun oksat tuottavat parhaan sadon. Vapaana – ilman ristiä – maata kohti riippuvat lihalliset köynnökset eivät juuri satoa tuota. Näin voimakkaasti eroavat toisistaan myös ristin- ja pelastuksen evankeliumit.

1. vaihe
   *Jokaisen oksan minussa, joka ei kanna hedelmää, hän **kohottaa** (airō);*
2. vaihe
   ja jokaisen, joka kantaa hedelmää, hän puhdistaa, että se kantaisi runsaamman hedelmän...

*Te ette valinneet minua, vaan minä valitsin teidät ja **asetin teidät**, että te menisitte ja kantaisitte hedelmää ja että teidän hedelmänne pysyisi. (Joh. 15:2,16)*

Jakeessa Joh. 15:2 kreikankielen verbi *airō* (αἴρω) käännetään yleensä, että Ylkä karsii pois hänessä olevan oksan. Ajatus on hengellisesti kestämätön. Inhimillinen viinitarhuri tosin leikkaa keväisiä versoja pois. Viinipuun runko ei nimittäin pysty ravitsemaan riittävästi kuin kahta tai korkeintaan kolmea köynnöstä. Mutta tässä Jeesus puhuu omista versoistansa. Hänen voimansa riittää jokaiselle oksalle hänessä, niin että ne tuottavat hyvän ja runsaan hedelmän. Sillä Jeesus sanoo: *"Minun lähettäjäni tahto on se, että minä kaikista niistä, jotka hän on minulle antanut, en kadota yhtäkään."* (*Joh. 6:39*) Kysymys jakeessa Joh. 15:2 on hedelmän kantamisesta. Verbi *airō* tarkoittaa ensisijaisesti: nostaa, kohottaa, ottaa kantaakseen. Jakeessa Joh. 15:16 asettaminen tarkoittaa juuri ristiä – oksan kohottamista ja kiinnittämistä johdinlankaan. Kohotettu ja kiinnitetty viiniköynnös tuottaa hedelmää ja sen hedelmä pysyy.

Ylkä morsiamelle
2:13 Viikunapuu tekee keväthedelmää,
   viiniköynnökset ovat kukassa ja tuoksuavat.
   Nouse, armaani, sinä kaunoiseni, ja tule.

Viiniköynnökset on leikattu, kohotettu ja asetettu kiinni johdinlankoihin (risti). Ja nämä hedelmää kantavat köynnökset puhkeavat kukkaan. Ne valmistautuvat jo kantamaan hedelmää.

Kihlattu morsian herää talven ahdistuksista. Koko luomakunnan räjähdysmäinen avautuminen uuteen elämään kuvaa morsiamen sisäistä uudistumista. Kuinka morsian hiljaisuudessa kaipasikaan Yljän paluuta. Jeesuksen tulo merkitsee uuden luomuksen ryöstäytymistä vapaaksi vanhan orjuudesta. Viiniköynnökset kukkivat ja vapauttavat tuoksunsa (*rēaḥ*, רֵיחַ). Kantaverbi *rwḥ* (רוח) merkitsee ahdistuksesta vapautumista. Verbin toinen johdannainen *rūaḥ* (רוּחַ) tarkoittaa Jumalan Pyhää Henkeä. Yljän paluu merkitsee Jumalan Pyhän Hengen voimavaikutusta, joka vapauttaa morsiamen hengen. Hengen vapautumisesta seuraa mielen puhkeaminen valoa hohtavaksi kukkatarhaksi (*niṣṣānim*, נִצָּנִים). *Rēaḥ* viittaa Kristuksen tuoksuun, kun Ylkä elävöittää uuden luomuksen, oman valonhohtoisen elämänsä, morsiamessa.

Myös viikunapuuhun ilmestyvät keväthedelmät. Keväthedelmät ovat mehevöityneitä kukkia. Viikunapuu on omaisuuskansan puu ja kertoo tässä yhteydessä morsiamen omistautumisesta Jeesukselle. Hänhän on kihlattu Ylkänsä omaksi. Keväthedelmät, mehevöityneet kukat, ilmaisevat, ettei viikunapuukaan jää osattomaksi kevään riemusaatosta. Yljän ja kihlatun morsiamen keskinäinen suhde syvenee.

Verbi "tehdä hedelmää" (ḥnṭ, חנט) tarkoittaa itse asiassa balsamointia. Sanaperhe esiintyy Raamatussa viisi kertaa. Neljästi se merkitsee balsamointia. Poikkeuksena on tämä viikunapuun kukkimiseen liittyvä jae. Vai onko sittenkään kyseessä poikkeus?

Balsamointi tarkoittaa kuolleen ruumiin käsittelyä siten, että ruumis säilyttää muotonsa pysyvästi. Kun ajattelemme uuden ja vanhan luomuksen keskinäistä suhdetta, balsamointi nousee vaihtoehdoksi verbin merkityksenä. Kuinka niin?

Ylkä on saapunut pukemaan morsiamensa hääasuun. Morsiusasun pukeminen merkitsee vanhan vaatetuksen täydellistä riisumista ja hylkäämistä. Keväiset kukat ja niiden vapautuvat tuoksut kertovat uuden luomuksen nousemisesta vanhan kuolemasta. Ja Ylkä on valmis balsamoimaan vanhan luomuksen pysyvästi kuolemaan. Se merkitsee jalkojen ja käsien sitomista kääreliinoihin. Tämän tähden myös Nikodeemus ja Joosef voitelivat Jeesuksen kuolleen ruumiin mirhalla ja aloella. Se tapahtui balsamointitarkoituksessa. Kuninkaan Pojan häissä kuningas havaitsi yhden häävieraan, joka ei ollut pukeutunut hääasuun. Hän määräsi hänen jalkansa ja kätensä sidottaviksi. Ja vaikutti siltä, ettei peruutusta enää ollut. (Matt. 22:12,13) Jalkojen ja käsien sitominen tarkoittaa hääasuun pukeutumista. Ja Ylkä balsamoi mielellään vanhan luomuksen kääreliinoihin.

Vanhan luomuksen kuolema toteutuu Yljän läsnäolossa. Sen tähden jokainen morsiussielu ja kihlattu etsiytyy Jeesuksen lähelle ja hänen omaksensa.

Jeesus toistaa vielä kutsunsa "nouse, armaani" (2:10) ja tällöin hän myös toistaa morsiamen kutsumanimen "armaani". On siis käynnistymässä hyvin merkittävä uusi vaihe morsiamen hengellisessä elämässä.

Ja yli viinitarhojen kantautuu ristikoiden taakse metsäkyyhkysen keväinen laulu: **nouse, armaani, sinä kaunoiseni, ja tule.**

2.7 HÄÄASUUN PUKEUTUMINEN ALKAA

KATSE MORSIUSPROSESSIN TYÖVÄLINEENÄ

Ylkä morsiamelle
2:14 Kyyhkyseni, joka piilet
kallionkoloissa, vuorenpengermillä
anna minun nähdä kasvosi,
anna minun kuulla äänesi,
sillä suloinen on sinun äänesi,
ja ihanat ovat sinun kasvosi.

Tämä jae 2:14 seuraa kerronnassa välittömästi jaetta 2:9b. Ajallisesti jakeiden välissä "ovat ainoastaan kutsusanat": *"Nouse, armaani, sinä kaunoiseni, ja tule."*

Morsian on kuullut Yljän kutsun ristikoittensa taakse. (2:9b)
Talven hiljaisina ja yksinäisinä hetkinä hän on kätkeytynyt Kristus-kallion suojaan. Kallion luolissa ja vuoren onkaloissa on ollut hänen turvapaikkansa, piilopaikkansa (*ḥarak*), talven kylmissä viimoissa. Edellä (2:9b), kun Ylkä kutsui morsianta piilopaikoista liikkeelle, substantiivia *ḥarak* edelsi määräävä artikkeli. Ei ollut siis kysymys mistä piilopaikasta tahansa. *Ḥarak* tarkoittaa nimenomaa Kristus-kallion luolia ja penkereitä.

Kyyhkysenä morsiamen hengellinen elämä on vakaata, mutta nyt suuressa käymistilassa. Malttamattomana ja syvän kaipauksen ahdistamana hän nousi jo vuorenpengermille Ylkää vastaan. Ja tarkalla kyyhkysen katseella hän tunnistikin pian Ylkänsä vuorilla. (2:8)

Jeesus aloittaa välittömästi kihlattunsa pukemisen hääasuun. Ylkä korostaa jälleen katseen suurta merkitystä. Katse tarkoittaa yhteyttä kahden persoonan välillä. Silmät ovat sielun peili. Kasvot kuvaavat ihmisen persoonaa. Keedarin mustan hunnun poistaminen kasvoilta merkitsee persoonan vapautumista; kenet Poika tekee vapaaksi, hän on todellisesti vapaa. Sen tähden Jeesuksen vasen käsi on edelleen morsiamen pään alla. (2:6)

Kun heidän sydämensä kääntyy Herran tykö, otetaan peite pois. (2. Kor. 3:16) Ylkä ilmaisee kihlatulleen, että nyt on aika poistaa Keedarin musta huntu kasvoilta. Se tarkoittaa merkittävää hengellisen näkökyvyn ja ymmärtämisen avartumista, kun Yljän ja morsiamen persoonat kohtaavat esteettä silmien kuvastimissa.

Jeesus näkee kihlatun morsiamensa kasvoissa uuden luomuksen ihanuuden (*nā'wɛ*, נָאוֶה), ensirakkauden kauneuden. Ensirakkaudessaan morsian havaitsi, että hän on "musta mutta ihana" (*nā'wɛ*) – ihana, niin kuin Salomon temppelin seinäverhot eli esiriput. (1:5) Kysymys on temppelin sisäisestä kauneudesta, persoonan ihanuudesta.

Ääni on sydämen ajatusten ja hengen aivoitusten tulkitsija. (Hepr. 4:12) Jeesuksen oikea käsi lepää yhä kihlattunsa sydämen päällä. (2:6) Sanat ilmaisevat sen näyn, mitä morsian sisimmässään seuraa. Ja hän seuraa Hyvää Paimenta ja kuuntelee hänen ääntänsä. Yljän korvissa morsiamen puhe on suloista (*'arēv*, עָרֵב) kuin ylistyslaulu keväisissä viinitarhoissa. (2:12) Jeesus on ylen mieltynyt kihlattuunsa. Hänen käyttämänsä hepreankielen sanan *'arēv* (suloinen) kantaverbi *'rv* tarkoittaa, että "Ylkä on ottanut henkilökohtaisesti vastuun kihlattunsa hengellisestä elämästä. He iloitsevat toistensa seurasta ja ovat mieltyneet toisiinsa." Kuinka suurenmoisesti he tulevatkaan näin tuntemaan toisensa.

Jeesus esitteleekin morsiamelle tämän jälkeen työvälineen, jonka avulla hän tulee pukemaan kihlattunsa juhla-asuun.

2.8 HENGELLISEN ELÄMÄN KAKSOISPEILI

Jae muodostaa itsessään peilikuvan:

anna minun nähdä kasvosi,
anna minun kuulla äänesi,
(kuvastin)
sillä suloinen on sinun äänesi,
ja ihanat ovat sinun kasvosi.

On olemassa kaksoispeili, jonka toisella puolella on kuvastin ja toisella puolen katseen läpäisevä ikkuna. Onko tässä yhteydessä kysymys kaksoispeilistä? Sisältyykö jakeeseen peili ja millainen peili?

Anna minun nähdä kasvosi (mar'ɛ, מַרְאֶה). Mar'ɛ (kasvot) johtaa sanaperheeseen, jonka kantaverbi *r'h* tarkoittaa: nähdä, tarkastella, ilmestyä, valaista, katsella vastapäätä toisiaan. Sanaperheeseen kuuluu kaksi kuvastinta: *re'i,* רְאִי (mask. Ylkä) ja *mar'ā,* מַרְאָה (fem. morsian).

Maskuliininen *re'i* mainitaan Raamatussa ainoastaan yhden kerran. Jeesus puhuu Jobille: *sinä (Job), jonka vaatteet kuumenevat, kun maa on raukeana etelän helletuulesta (tässä: morsiamen liljaprosessista), kaarrutatko sinä **hänen kanssaan** (Elihu: Jahve on Jumala) taivaan, joka on vahva kuin **valettu kuvastin** (re'i). (Job 37:18)* Morsiamen peili (*mar'ā*) esiintyy Raamatussa kaksitoista kertaa ja kuvaa Jeesuksen omaisuuskansaa (morsianta ja Karitsan vaimoa). *Besalel teki vaskialtaan vaskijalustoineen niiden **naisten** (morsian) **kuvastimista** (mar'ā), jotka toimittivat palvelusta ilmestysmajan ovella. (2. Moos. 38:8)* Mar'ā tarkoittaa kuvastimen ohella myös sitä, mitä morsian kuvastimesta näkee: **näkyä** ja **ilmestystä**. Herra sanoi Aaronille (valaistu) ja Mirjamille (katkera): *kuulkaa minun sanani: jos keskuudessanne on profeetta, niin* *minä **ilmestyn** hänelle **näyssä** (mar'ā, peili), puhun hänen kanssaan unessa. (4. Moos. 12:6)*

KAKSOISPEILI TYÖVÄLINEENÄ

Ylkä asettaa kyseisen peilin itsensä (suloinen, ihana) ja morsiamen (anna nähdä kasvosi) väliin. Kuvastimen kautta he katselevat toisiansa.

Morsian on peilin heijastavalla puolen. Kun hän kohdistaa silmänsä Jeesukseen, hän näkee peilissä oman kuvansa. Kun tuijottaa aikansa omaa kuvaa, kuva alkaa vääristyä. Esiin nousevat ylpeys, kateus, katkeruus, sydämen kovuus, haureus, vihamielisyys... Kaikkinaiset lihan ominaisuudet löytyvät jaloimmankin ihmisen sisimmästä. Tilannetta pahentaa vielä se, mitä tapahtuu kuvastimen toisella puolen. Ylkä katselee nimittäin läpäisevästä peilistä suoraan morsianta sellaisena kuin tämä on. Hän näkee lihan kaiken pimeyden. Hän on kironnut ja tuominnut lihan kaikkinensa. Sen tähden Yljän katse suorastaan nostattaa peilin toisella puolen morsiamen mieleen lihan saastaa. Morsiamen on syytä kiireesti kääntää kuvastin.

Kihlattu morsian on nyt kuvastimen läpäisevällä puolella. Hän näkee oman kuvansa sijaan Jeesuksen sellaisena kuin Hän on. Paavali tuntee tilanteen ja kirjoittaa: *"Me kaikki, jotka peittämättömin kasvoin katselemme Herran kirkkautta kuvastimesta, muutumme samaksi kuvaksi kirkkaudesta kirkkauteen, niin kuin Herran Henki vaikuttaa."* (2. Kor. 3:18, ak.) Kuvastimen toisella puolen Jeesus katselee heijastavasta peilistä morsianta omana kuvanaan. Hänen runsas siunauksensa ja ylenpalttinen rakkautensa virtaavat peilin kautta morsiameen. Ja morsian muuttuu näkemänsä kuvan kaltaiseksi. Hän löytää nyt todellisen identiteettinsä Kristuksessa Jeesuksessa. Uusi luomus murtautuu esiin. Habakuk kirjoittaa Yljän esittelemästä työkalusta näkynä: *kirjoita näky ja piirrä selvästi tauluihin (mieleen ja sydämeen), niin että sen voi juostessa*

lukea. Sillä näky odottaa vielä aikaansa, mutta se rientää määränsä pää-
hän, eikä se petä. Jos se viipyy, odota sitä; sillä varmasti se toteutuu. (
Hab. 2:2,3)

Heijastava peili kuuluu morsiussielulle lähinnä liljaprosessiin, jolloin tutustutaan omaan lihalliseen luontoon. Läpäisevä kuvastin tarkoittaa hänelle morsiusprosessia, ylösnousemista kasteen haudasta. Silloin morsian katselee peittämättömin katsein Yljän kasvoja, ja muuttuu Hänen kuvaksensa ja kaltaiseksensa.

Tuleva morsian siirtyy hengellisenä pappina sisälle temppelinsä pyhään. (kts s. 47)

Morsian ja Ylkä
2:15 Ottakaamme ketut kiinni, pienet ketut,
jotka viinitarhoja turmelevat,
sillä viinitarhamme ovat kukassa.

Peite on poistettu. Morsiamen sisin on avoin Jeesukselle. Ja mitä tapahtuu?

Kun valo koskettaa pimeyttä, pienet ketut juosta vilistävät sekasortoisina ja säntäilevät sinne tänne. Niiden läsnäolo on paljastettu. Pienet ketut ovat Kristuksen kirkkaudessa orpoja ja puolustuskyvyttömiä.

Kun morsian saa edellisessä jakeessa silmänvoidetta, hän näkee itsekin hengellisesti syvemmin ja laajemmin. Silloin paljastuvat ketut, jotka hersyvässä keväässä ovat turmelemassa (*ḥvl,* חבל) morsiamen ja Yljän suhdetta: uskon juuria ja hedelmää ennakoivia kukkia. Talven jälkeen myös ketut ovat aktiivisia ja haluavat lisää vaikutusvaltaa. Hepreankielen verbi *ḥvl* tarkoittaa: turmella, tuhota, hävittää, sitoa, joutua pantiksi ja hautoa juonia.

Pienet ketut toimivat isojen kettujen palvelijoina. Jakeessa käynnistyy kettujahti. Nyt katkotaan siteet faraon vaunuihin. (1:9) Pienet ketut otetaan kiinni ja isojen kettujen toimintaa morsiamen suhteen vaikeutetaan. Isoja kettuja ovat liha, saatana ja maailma. Nämä ovat Jumalan asettamat globaalit vaikuttajat. Niiden olemassaoloon ei ole mahdollista vaikuttaa. Mutta mihin voimme vaikuttaa, on oma suhteemme niihin – pieniin ja isoihin. Isojen kettujen käskyläisiä ovat pienet ketut: lihan himot, demonit ja maailman viettelykset.

Liha on hengellisesti pahin vastustajamme, koska se on oleellinen osa jokaista ihmistä. Liha on "musta mutta ihana"-ongelman ytimessä. Liha toimii nimittäin astinlautana sekä saatanalle että maailmalle uskovan elämään. Paratiisin Giihon-virta (esiintunkeutuvana) merkitsee saatanan valtakuntaa kaikkialla maapallolla. Maailma on lihan summa ja pahan vallassa. Se muodostaa varsinaisen pedon kidan, jossa valtaosa ihmisistä tietämättään elää. Ja kuinka monet uudestisyntyneet uskovatkin ovat sokeuttaan Giihon-virran vietävinä. He elävät pedon kidassa aavistamatta, milloin se nielaisee. He eivät näe, koska huntu peittää kasvot. Hengellinen näkökyky avautuu vasta viinimajasta alkaen. (2:4) Siitä lähtien Hyvä Paimen osoittaa tien.

Pienet ketut pyrkivät tukahduttamaan ja häiritsemään morsiussielujen hengellistä elämää, viinitarhoja. Ne jäytävät uskon juuria ja vääristävät rakkauden.

Kettujen kiinniottaminen tapahtuu tästä alkaen Yljän ja morsiamen yhteistyönä. Sitä varten on kaksoispeili. Tämän tähden morsian kantaa ristiänsä ja seuraa Hyvää Paimenta. Hän sitoo yhdessä Jeesuksen kanssa mirhakimpun rintojensa väliin. Sidottu mirhakimppu eli risti vapauttaa sydämen ja kirkastaa kasvot.

Jotka Herraan katsovat, ne säteilevät iloa, heidän kasvonsa eivät häpeästä punastu... että heillä olisi minun iloni täydellisenä heissä itsessään. (Ps. 34:6; Joh. 17:13)

HARJOITA ITSEÄSI JUMALISUUTEEN

Edeltävät kaksi jaetta (2:14,15) kuvaavat morsiusprosessin toteutumista. Kaksoispeili on hääasuun pukeutumisen väline. Olemme kihlatun morsiamen uskonkilvoituksen huipentumassa. Kaksoispeilin hallittu käyttö ratkaisee uskovan morsiussielun elämän laadun: siirtymisen lihallisen luonnon hallitsemasta elämästä jumalallisen luonnon mukaiseen elämään. Elämän tavoittaminen Hänen kuvanaan ja kaltaisenaan vaatii kuitenkin harjoitusta. Morsiussielut ymmärtävät tämän eivätkä säästä siinä itseänsä. **Harjoita** (*gymnazō*, γυμνάζω) **itseäsi jumalisuuteen.** *Sillä ruumiillisesta harjoituksesta (gymnasia, γυμνασία) on hyötyä vain vähään; mutta jumalisuudesta on hyötyä kaikkeen, koska sillä on elämän lupaus, sekä nykyisen että tulevaisen. (1. Tim. 4:7,8)*

Kreikan *gymnazō, γυμνάζω* tarkoittaa voimistelua, urheilua ja harjoittelemista. Paavali viittaa urheilijoihin, kuinka antautuneesti ja määrätietoisesti he harjoittelevat. He uhraavat koko elämänsä harjoitteluun, että saavuttaisivat asettamansa päämäärän. Ja kuitenkin siitä on hyötyä vain vähään, sillä kun ei ole elämän lupausta. Mutta me etsimme Jeesuksen tuntemista iankaikkista elämää varten. Paavali muistuttaa meitä harjoituksen tärkeydestä: *"Älkää harrastuksessanne olko veltot; olkaa hengessä palavat; palvelkaa Herraa. Olkaa toivossa iloiset, ahdistuksessa kärsivälliset, rukouksessa kestävät." (Room. 12:11,12)*

On aivan eri asia "olla uskossa" kuin "elää usko todeksi". Pelkkä uskossa oleminen tarkoittaa paikallaan olemista. Se merkitsee samalla myös hengellistä taantumista. Elävä usko, uskon kilvoitus, tarkoittaa hengellistä kasvuprosessia. Prosessin tunnistaa kysymyksistä. Ei ole vastauksia, jollei ole kysymyksiä. Kun he kokoontuvat yhteen, kaikilla on jotain tuotavaa. Mistä heillä kaikilla on jotain tuotavaa? He ammentavat prosessista Hyvän Paimenen seurassa. Mieleen nousevat kysymykset kertovat liikkeestä; hengessä tapahtuu kaiken aikaa uutta. Jos hengessä ei vaikuta Pyhän Hengen voitelu, hengellinen elämä on pysähtynyt – eikä ole kysymyksiä. *Sillä jokainen, joka vielä nauttii maitoa, on kokematon vanhurskauden sanassa, sillä hän on (hengellinen) lapsi; mutta vahva ruoka on täysi-ikäisiä varten, niitä varten,* **joiden aistit tottumuksesta ovat harjaantuneet** *(gymnazō)* **erottamaan hyvä pahasta.** *(Hebr. 5:13,14)* Myös kuningas Salomo muistuttaa harjoituksen merkityksestä: *"Veltto joutuu näkemään nälkää." (Sananl. 19:15)*

> *Hän kurittaa (opettaa, kasvattaa) meitä tosi parhaaksemme, että me pääsisimme osalliseksi hänen pyhyydestään. Mikään kuritus ei tosin sillä kertaa näytä olevan iloksi, vaan murheeksi, mutta jälkeenpäin se antaa vanhurskauden rauhanhedelmän niille,* **jotka sen kautta ovat harjoitetut** *(gymnazō)... Sen tähden ojentakaa hervonneet kätenne ja rauenneet polvenne... Ja pyrkikää rauhaan kaikkien kanssa ja pyhitykseen, sillä ilman sitä ei kukaan ole näkevä Herraa. (Hepr. 12:10-12,14)*

ME MUUTUMME KIRKKAUDESTA KIRKKAUTEEN

Kaksoispeilin käyttö merkitsee hääasuun pukeutumista. Katse peilissä kohdistuu Jeesukseen. (2:14) Ketut taas ilmaisevat vanhan luomuksen elämän. Kun kuvastin kääntyy morsiamelle peiliksi, silloin katse harhautuu omaan itseensä, ja ketut vapautuvat. (2:15) Kettujen kiinniottaminen tarkoittaa, että vanha luomus riisutaan, sidotaan toimintakyvyttömäksi.

Luonnollisessa elämässä riisutaan vanhat vaatteet ennen uusiin pukeutumista. Edellä mainitut jakeet ilmaisevat hengellisen pukeutumisen järjestyksen – morsian pukeutuu uuteen. Pyhää Henkeä seuraten hän kiinnittyy Kristukseen, Ylkänsä kautta rakkauteen. Hääasun puhtaus ja kirkkaus lamaannuttavat vanhan, lihallisen luonnon voimattomaksi.

Morsian katselee kaksoispeilin kautta Jeesuksen ihanuutta ja hääpukunsa kirkkautta. Sitä ei kestä vanha, lihallinen luonto. Pienet ketut ovat pakotetut säntäilemään sinne tänne ja ilmaisemaan itsensä.

Jeesus sanoo: "Ottakaamme pienet ketut kiinni." Se on myös morsiamen tahto. Hääasuun pukeutuminen on Yljän ja morsiamen yhteinen toimi.

Kuninkaan pojan häissä yksi pöytävieraista ei ollut pukeutunut hääasuun. Kuningas käski sitoa hänen jalkansa ja kätensä. (Matt. 22:13) Juuri vastaavalla tavalla Jeesus valmisti meille hääasun. Hän antoi naulita jalkansa ja kätensä ristiin. Kun liha ja lihan teot on sidottu, maailma ja saatana joukkoineen menettävät vaikutusvaltansa morsiamen suhteen. Liha kun toimii niille siltana uskovan elämään. Jeesus sanoo opetuslapsille ennen ristiä: *"Maailman ruhtinas tulee, ja minussa hänellä ei ole mitään." (Joh. 14:30)*

Kun vanhat vaatteet on riisuttu, kirkkautta säteilevä hääpuku sokaisee lihan. Liha on ristiinnaulittu. Silloin morsian kohtaa Yljän Hänen kaltaisuudessaan. *Ei ole vielä käynyt ilmi, mitä meistä tulee. Me tiedämme tulevamme hänen kaltaisekseen, kun hän ilmestyy, sillä me saamme nähdä hänet sellaisena, kuin hän on. (1. Joh. 3:2)*

Kihlattu morsian muistaa tässä yhteydessä kihlauksensa. Silloin hän lupautui Ylkänsä omaksi. (1:12-14) Kaksoispeili muistuttaa Jeesuksen läsnäolosta ja narduksen tuoksusta. Peilin muuttava vaikutus perustuu kihlajaislahjoihin: kyyhkysen katseeseen, Jumalan Sanaan (setriin) ja rukousyhteyteen (kypressiin). (1:15-17) Nämä ovat hengellisen elämän elävät työkalut. Ne pukevat morsiamen.

Kasteessa kihlattu morsian sitoutui lihansa kuolemaan. Liljaprosessi paljasti hänelle Hyvän Paimenen seurassa lihan kelvottoman luonteen. Kaksoispeilin ääressä lihallinen luonto viimein sidotaan. Uusi, jumalallinen luonto riisuu vanhan lihallisen luonnon. *Pyrkikää sen tähden, veljet, sitä enemmän tekemään kutsumisenne ja valitsemisenne lujaksi; sillä jos sen teette, ette koskaan lankea: sillä näin teille runsain määrin tarjotaan*

pääsy meidän Herramme Jeesuksen Kristuksen iankaikkiseen valtakun-
taan (Joh. 3:5). (2. Piet. 1:10,11)

Näin morsian on tavoittamassa sen yhteyden, josta Jeesus puhui opetuslapsille viimeisinä sanoinaan: *että he kaikki olisivat yhtä (sisäk-*
käin hengessä), niin kuin sinä, Isä, olet minussa ja minä sinussa, että
hekin meissä olisivat. (Joh. 17:21) Myös nuori Elihu – *Jahve* (Jeesus)
on Jumala (*Ēl*) – kertoo Jobille morsiusprosessin vapauttavasta luonteesta.

Niin Jumala armahtaa häntä ja sanoo: "Vapauta hänet, ettei
hän mene hautaan; minä olen saanut lunastusmaksun (
koofer)." Silloin hänen ruumiinsa taas uhkuu nuoruuden
voimaa, hän palajaa takaisin nuoruutensa päiviin. Hän rukoi-
lee Jumalaa, ja Jumala mielistyy häneen ja antaa hänen rie-
muiten katsella hänen kasvojaan; niin hän palauttaa ihmiselle
hänen vanhurskautensa. (Job 33:24-26)

2.9 MORSIAMEN HENGELLINEN ASEMA

Morsian
**2:16 Rakkaani on minun, ja minä hänen –
hänen, joka paimentaa liljojen keskellä.**

Viikunapuu on Jumalan omaisuuskansan puu. Kihlattu morsian tiedostaa kihlauksen merkityksen. Hän on lupautunut Jeesuksen omaksi.

Morsiusprosessi on talven jälkeen edennyt hyvin voimakkaasti uuden luomuksen vapautumisena. Morsian saa tällä hetkellä katsella hengellisesti avatuin silmin Ylkänsä ihanuutta. *Dōd*-rakkaudessa hän tunnistaa Jeesuksen *ahavā*-rakkauden läsnäolon. Kaksoispeilissä hän katselee Ylkäänsä kasvoista kasvoihin. Morsian ymmärtää, kuinka täysipainoisesti Jeesus keskittyy juuri häneen. *Lähellä on Herra niitä, joilla on särjetty sydän, ja hän pelastaa ne, joilla on murtunut mieli. Monta on vanhurskaalla kärsimystä, mutta Herra vapahtaa hänet niistä kaikista. (Ps. 34:19,20)*

Viikunapuu, morsian, puhkeaa kukkaan. Ensirakkaudessa hän tunsi Jeesuksen ainoastaan nimeltä. Viinimajasta alkaen Hyvä Paimen on ohjannut hänet tunnistamaan itsensä uutena luomuksena. Nyt hän saa kyyhkysen silmin seurustella kaksoispeilin ääressä Jeesuksen kanssa. Peili tutustuttaa hänet Jeesukseen. Ja myös Jeesus tulee tuntemaan hänet. Kyyhkysen silmin hän tunnistaa Ylkänsä luotettavaksi kuin peruskallio ja vuorenpenger. Hän voi syystä huudahtaa: "Rakkaani on minun, ja hän on ottanut minut omaksensa."

Mutta morsian ei ole yksin. Hyvä Paimen kaitsee myös liljojen keskellä.

Keitä he ovat?

Edellisissä jakeissa Ylkä puhui viiniköynnöksistä ja viinitarhoista monikossa – morsiussieluista ja heidän hengellisestä elämästään. (2:13,15) He ovat Jerusalemin tyttäriä, jotka jäivät alussa pelastuksen evankeliumiin. He luottivat siihen, että Jeesuksen veri riittää kaikkeen. Mutta myös Jerusalemin tyttäret ovat myöhemmin huomanneet, että he ovat edelleen mustia vaikkakin ihania. (1:5) Myös he ovat lähteneet etsimään ratkaisua "musta mutta ihana"-ongelmaan. Jerusalemin tyttäret ovat lähteneet etsimään todellista paimenta, jota heidän sielunsa rakastaa. (1:7)

Kun morsian eli liljaprosessin kuohuntavaihetta, Jerusalemin tyttäret liittyivät häneen. Yhdessä morsiamen kanssa he käynnistivät herätystä. Myös Jerusalemin tyttäret tahtoivat nähdä herätyksen ja hoitaa toisten viinitarhoja "äitini poikien" kanssa. (1:6) Lopulta he kuitenkin kaikki uupuivat. Morsian vetäytyi liljaprosessissa talven hiljaisuuteen. Ja tällöin Jerusalemin tyttäret puolestaan totesivat, että oma viinitarha jäi hoitamatta. Koska Ylkä kutsuu heitä nyt liljoiksi, he ovat kihlautuneet uupumuksensa jälkeen. Myös Jerusalemin tyttäret ovat lähteneet etsimään Hyvää Paimenta. (1:7) Ylkä tunnustaa heidät liljoiksi: *niin kuin lilja orjantappurain keskellä, niin on minun armaani neitosten keskellä. (2:2)* Myös he ovat osalliset kevään riemulaulusta. Pienet ketut pyrkivät turmelemaan heidänkin viinitarhoja. Kevät tarkoittaa Jerusalemin tyttärille aikaa, jolloin Ylkä maksaa heille morsiamen hinnan. (2:4) Elämän herääminen keväisessä luonnossa merkitsee Jerusalemin tyttärille Pyhän Hengen, Hyvän Paimenen, kohtaamista. Sen tähden Ylkä voi nyt sanoa, että hän paimentaa liljojen keskellä.

Jerusalemin tyttäret valmistautuvat kasteeseen ja vastaanottamaan morsiamen hinnan; *jos joku ei synny* **vedestä** *ja* **Hengestä***, ei hän voi päästä sisälle Jumalan valtakuntaan. (Joh. 3:5)*

Samaan aikaan morsian valmistautuu tulikasteeseen. Morsian on siirtynyt sisälle temppelinsä pyhään, sisälle Jumalan valtakuntaan. (2:10) Nyt hän on valmis asettumaan rakkauden tulen alle. *Jos te Hengellä kuoletatte ruumiin (lihan) teot, niin saatte elää. (Room. 8:13)* Entä tekojen jälkeen itse liha? *Ne jotka ovat Kristuksen Jeesuksen omat, ovat ristiinnaulinneet lihansa himoineen ja haluineen. Jos me Hengessä elämme, niin myös Hengessä vaeltakaamme. (Gal. 5:24,25)*

Tulikaste tulee johtamaan morsiamen sisälle temppelinsä kaikkein pyhimpään. (Liite 1) Hänen on kuljettava suitsutusalttarin kautta. Suitsuke, joka on kuolettavan myrkyllistä, täyttää kaikkein pyhimmän. Sinne ei voi mennä mitään epäpyhää.

Koska meillä siis, veljet, on luja luottamus siihen, että meillä Jeesuksen veren kautta on pääsy kaikkein pyhimpään, jonka pääsyn hän on vihkinyt meille uudeksi ja eläväksi tieksi, joka käy esiripun, se on hänen lihansa, kautta. (Hepr. 10:19,20)

Luku 3

3.1 TULIKASTE: LIITTO

Morsian Yljälle
**2:17 Kunnes päivä viilenee
ja varjot pakenevat,
kiertele, rakkaani, kuin gaselli, kuin nuori peura
tuoksuisilla vuorilla.**

On tulossa yö. Yö ja hiljaisuus merkitsevät hengellisen elämän syvenemistä. Yön pimeydessä aistit vapautuvat ja valpastuvat etsimään Herraa. Tyvenessä yössä tuulen vireetkin seisahtuvat. Silloin yön tuoksut rohkaistuvat tulvimaan. Morsian pidättelee hengitystään.

Ylkä liikehtii yössä gasellihirvaana tai urospeurana – samoilla vuorilla, jonne hän saapui kutsumaan kihlattunsa morsiusprosessiin. (2:8,9) Myös Yljän aistit ovat valppaina niin kuin gasellin herkät korvat tai nuoren peuran kosteat silmät. Kihlauksen yhteydessä (1:12-14) piirretty näky rientää määränsä päähän. (Hab. 2:3) Verbi kierrellä (*svv,* סבב) merkitsee morsiamelle elämän suunnan ja hengellisen aseman muutosta. *Svv* tarkoittaa paikoillaan pysyttelyä ja ympärilleen tähyilemistä. Morsiamen katse on vuorilla ja hän pyytää Ylkää: "Rakkaani, odota siellä tuoksuisilla vuorilla, minä tulen!"

Olemme morsiusprosessin yhdessä merkittävimmistä vaiheista. Ylkä ja morsian ovat lopullisesti liittymässä toinen toisiinsa. On tullut aika vahvistaa kihlaus ja sitoutua kasteen liittoon; *kunnes päivä viilenee ja* **varjot** *pakenevat.*

Morsian muistaa omenapuun **varjon**, joka merkitsi vesikastetta. (2:3b) Silloin hän astui kasteen hautaan oman lihansa ristiinnaulitsemiseksi. Kasteen tavoitteet ovat toteutumassa; vanhaa vaatetusta riisutaan ja sijaan puetaan morsiusasua. Johannes Kastaja sanoi, että hänen jälkeensä Jeesus kastaa Pyhällä Hengellä ja **tulella**. Nyt on tulikasteen aika: tuli kuluttaa (kuonan), tuli valaisee (avaa hengellistä ymmärystä) ja tuli lämmittää (koskettaa rakkaudella).

Jeesus on morsiamen oma, ja morsian on kihlattuna Ylkänsä oma. Onko enää mitään estettä sille, että he sitoutuvat lopullisesti toinen toisiinsa? Morsian odottaakin jo, että hänen lamppunsa syttyisi valaisemaan.

Yösydännä kuuluu huuto: *"Katso, Ylkä tulee! Menkää häntä vastaan." Silloin kaikki nämä neitsyet nousivat ja laittoivat lamppunsa kuntoon. Ja tyhmät sanoivat ymmärtäväisille: "Antakaa meille öljyänne, sillä meidän lamppumme sammuvat." Mutta ymmärtäväiset vastasivat ja sanoivat: "Emme voi, se ei riitä meille ja teille. Menkää ennemmin myyjäin luo ostamaan itsellenne."* (Matt. 25:6-9) Öljy tarkoitta Pyhää Henkeä so. Hyvää Paimenta ja kasvuprosessia. On ymmärrettävää, että tyhmät eivät ehdi ostaa mistään öljyä tuohon tilanteeseen. Onhan kysymys prosessista. Jerusalemin tyttäretkin jäivät alussa tyhmien neitsyiden seuraan. Mutta parhaillaan he odottavat morsiamen hintaa, Pyhää Henkeä eli öljyä. He saivat ajoissa ymmärrystä ja valmistautuvat nyt hekin häitä varten. Ja he ovat parhaillaan kauppiaan luona ostamassa astioihinsa öljyä.

Kasteessa kihlattu morsian sitoutui lihansa kuolemaan. Kun morsian nousi vedestä, hän pyysi Pyhää Henkeä Hyväksi Paimeneksi. (2:3b) Samoin hän nytkin anoo Ylkää – nyt varmistamaan sen, että hän on pysyvästi Jeesuksen oma: *kiertele rakkaani… **tuoksuisilla** vuorilla.*

Jakeen hengellinen avain on sanassa tuoksuva (*beter*). *Beter* kuuluu pieneen sanaperheeseen, joka ilmaisee ainoastaan liittoa Jumalan ja ihmisen välillä. Kantaverbi *btr* kertoo uhrieläinten puolittamisesta liitonteon yhteydessä.

Kun Jumala teki liiton Abramin kanssa, *Abram toi eläimet ja halkaisi (btr) ne ja asetti puolikkaat (bɛtɛr, בֶּתֶר) vastakkain; lintuja hän ei kuitenkaan halkaissut (btr, בתר)... Kun aurinko oli laskenut ja oli tullut pilkkopimeä, näkyi suitsuava pätsi ja liekehtivä tuli, joka liikkui uhrikappaleiden välissä. Sinä päivänä Herra teki Abramin kanssa liiton. (1. Moos. 15:10,17,18)*

Valvovan morsiamen lamppu on nyt saamassa tulen ja syttyy valaisemaan. Hänen lamppunsa syttyy suitsukealttarin tulesta.

Tuoksuinen (*bɛtɛr*) vuori tarkoittaa myös halkaistua (*bɛtɛr*) vuorta. Se, että tuoksuinen vuori halkeaa tulen kautta, merkitsee morsiamelle hänen temppelinsä kaikkein pyhimpään johtavan esiripun repeytymistä kahtia (*btr*). Silloin kaikkein pyhimmän, morsiamen hengen, tuoksut tulvahtavat esiin. Tuli tekee tämän.

Myös verbin radikaalit *btr* kertovat liittoon sitoutumisesta: *bēt* (talo) tarkoittaa morsianta, seurakuntaa. *Rēš* (pää) taas kertoo Yljästä, seurakunnan päästä. Kolmas radikaali *tāw* yhdistää morsiamen (*bēt*) ja Yljän (*rēš*). *Tāw* merkitsee: ristiä, omistusoikeutta, sopimuksen tekemistä, kahden yhdistämistä keskenään, sopimuksen allekirjoittamista ja sinettiä. Ja sinettinä on tässä yhteydessä tuli, joka lähtee Jumalan ja Karitsan valtaistuimesta.

3.2 MORSIAN VALMISTAUTUU LIITTOON YLKÄNSÄ OMAKSI

Vedestä ja Hengestä syntyminen avaa tien sisälle Jumalan valtakuntaan. *(Joh. 3:5)* Morsiamen tie eteni polttouhrialttarilta liljaprosessina ilmestysmajan ovelle, temppeliketjun neljännelle portille. Se merkitsi kasteen hautaan upottautumista. (2:6) Kun ylösnouseminen kasteen haudasta alkoi (2:10), morsian siirtyi Yljän seurassa sisälle temppelin pyhään. Morsiusprosessi kaksoispeileineen on johtanut hänet nyt läpi pyhän – suitsutusalttarin äärelle ja kaikkein pyhimpään johtavan esiripun eteen. Hän on temppeliketjun viidennellä ovella. (Liite 1)

> *Meillä on luja luottamus siihen, että meillä Jeesuksen veren kautta on pääsy (eisodos) kaikkein pyhimpään. (Hepr. 10:19)*

Kreikankielen sana *eisodos* (εἴσοδος, pääsy) tarkoittaa mahdollisuutta päästä sisälle. Jeesuksen veren kautta meillä on siis mahdollisuus, lupa ja pääsylippu käydä sisälle. *Näin teille runsain määrin tarjotaan pääsy (eisodos) meidän Herramme ja Vapahtajamme Jeesuksen Kristuksen iankaikkiseen valtakuntaan. (2. Piet. 1:11)* Mutta miten esirippu, joka tarkoittaa hänen omaa lihaansa, repeytyy auki morsiamen edestä?

> *Hän on vihkinyt meille pääsyn uudeksi ja eläväksi tieksi, joka käy **esiripun**, se on **hänen lihansa**, kautta. (Hepr. 10:20)*

Morsian on käynyt koko tien ristiänsä kantaen. Suitsutusalttarilta hänelle nousee nyt suitsukkeen (*levōnā*, לְבֹנָה) tuoksu. Hän on valmis astumaan sisälle kaikkein pyhimpään, Jumalan valtakuntaan.

Sisälle kaikkein pyhimpään ei pääse kuitenkaan mitään epäpyhää eikä saastaista. Morsiamen on nyt aika vahvistaa kihlaus ja sitoutua lopullisesti liittoon Ylkänsä kanssa. Kihlausaika on päättynyt. Morsian totesi edellä, että Ylkä on hänen omansa. (2:16) Liiton kautta myös morsiamesta tulee Jeesuksen oma. Tulikaste merkitsee morsiamen sitoutumista, liittoa, jonka Ylkä vahvistaa tulella. Morsiamen ylle laskeutuu tämän jälkeen viisinkertainen *ahavā*-rakkauden tuli, ja lihan esirippu repeytyy kahtia.

Kun Israelin kansa teki liiton Herran kanssa, he kulkivat halkaistujen uhrieläinten puolikkaiden välistä. Jeremian kautta Herra muistuttaa kansaa liitosta: *ne miehet, jotka ovat rikkoneet minun liittoni, jotka eivät ole pitäneet sen liiton sanoja, jonka he tekivät minun edessäni halkaisten kahtia (btr) uhrivasikan ja käyden sen puolikkaiden (beter) välitse. (Jer. 34:18)* Vastaavasti edellä, kun Herra teki liiton Abramin kanssa, Hänen tulensa kulki Abramin asettamien uhrieläinten puolikkaiden välissä.

Kun Jeesus teki uuden liiton Karitsan vaimon (Israelin) ja morsiamen (seurakunnan) kanssa, myös hän jakaa uhrinsa kahtia (*beter*). Jeesus sanoo opetuslapsille asettaessaan ehtoollisen:

Risti: *Minä olen halajamalla halannut syödä tämän pääsiäislampaan teidän kanssanne, ennen kuin minä kärsin; sillä minä sanon teille, etten minä sitä enää syö, ennen kuin sen* **täyttymys tapahtuu Jumalan valtakunnassa.**

Veri: *Ja hän otti maljan, kiitti ja antoi heille ja sanoi: "Juokaa tästä kaikki; sillä tämä on minun vereni, liiton veri, joka vuodatetaan syntien anteeksiantamiseksi. Ja minä sanon teille: tästedes minä en juo tätä viinipuun antia, ennen kuin sinä päivänä,* **jona juon sitä uutena teidän kanssanne Isäni valtakunnassa.** *(Luuk. 22:15,16; Matt. 26:27-29)*

Myös Jeesuksen koko apostolinen evankeliumi edellyttää evankeliumin julistamista jaettuna, kahdeksi erotettuna (*katangellō*, καταγγέλλω); täyden evankeliumin julistus sisältää veren ja murretun ruumiin. Verbin etuliite *kata* (κατά) tarkoittaa "jaettuna, hajautettuna". Veri vie meidät sisälle kaikkein pyhimpään, mutta – **ainoastaan murretun ruumiin kautta.** Jeesus sanoo: *"Totisesti, totisesti minä sanon teille: ellette syö Ihmisen Pojan lihaa ja juo hänen vertansa, ei teillä ole elämää itsessänne. Joka syö minun lihani ja juo minun vereni, sillä on iankaikkinen elämä, ja minä herätän hänet viimeisenä päivänä."* (*Joh. 6:53,54*)

Liittoon sitoutuminen edellyttää Jeesuksen uhrin todeksi elämistä samankaltaisen kuoleman ja yhtäläisen ylösnousemisen kautta. On käytävä veren ja ristin keskitse niin, että me sulaudumme yhdeksi hänen kuolemansa ja elämänsä kanssa ja kautta. Se tapahtuu sisällä kaikkein pyhimmässä. Siirtyminen temppelin kaikkein pyhimpään merkitsee Jumalan valtakuntaan sisälle käymistä. (*Joh. 3:5*)

3.3 TULIKASTE: MORSIAN ASTUU LIITTOON YLKÄNSÄ OMAKSI

MORSIAN HYLKÄÄ LIHANSA ELÄMÄN

Morsian
3:1 Yöllä minä vuoteellani etsin häntä,
   jota minun sieluni rakastaa,
   minä etsin, mutta en löytänyt häntä.

Jeesus sanoo: *"Anokaa niin teille annetaan."* (Matt. 7:7)

Ylkä kiertelee tuoksuisilla vuorilla. Tuli laskeutuu yövuoteella morsiamen ylle. *Ahavā*-rakkaus sytyttää morsiamen lampun. Ylkä on tulen hehkussa. Tulen hehku ajaa morsianta; **yövuoteella minä etsin sinua, jota minun sieluni rakastaa -** *ahavā*.

Niin kuin Abram ja Nikodeemus samoin morsiankin etsii Jeesusta yön hiljaisuudessa. Morsiamen sydän palaa rakkaallensa. Hän etsii liitto-yhteyttä Ylkään. Liiton kutsu on *ahavā*-rakkaudessa. Morsian tavoittelee yhteyttä omalta yövuoteeltansa, omasta itsestään. Löytääkö hän Jeesuksen omasta itsestänsä?

Morsiamen hengellistä elämää kuvataan hepreankielen sanalla *miškāv* (מִשְׁכָּב, vuode). Hän, *miškāv*, on Pyhän Hengen temppeli. Mutta onko kihlattu morsian omistanut temppelivuoteensa kokonaan Jeesukselle? Hän ei löydä Ylkää vuoteeltansa. Jeesus ei voi olla yhtä hänen kanssaan vuoteen saastaisuuden takia. Ylkä, joka odottelee tuoksuisilla vuorilla, tahtoo valloittaa morsiamen *miškāv*-vuoteen kokonaan omaksensa. Jeesus sanoo: *Minä tulen sinun tykösi ja puhun tätä maailmassa, että heillä olisi minun iloni täydellisenä heissä itsessään... Niin kuin sinä, Isä, olet minussa ja minä sinussa, että hekin meissä olisivat. (Joh. 17:13,21)*

Mikä siis pidättää?

Morsiamen vuode ilmaisee lihallisten, pienten kettujen vielä elävän. *Miškā v* tarkoittaa aviovuodetta sekä rukouksen ja vanhurskauden sijaa. Mutta se ilmaisee myös haureuden saastuttamaa vuodetta, joka on juonittelun ja vehkeilyn tyyssija. Tällaista oman lihan palvontaa ei Kristuksen morsiamen elämä saa sisältää. Oman lihan elämä tarkoittaa hengellistä haureutta. Morsiamen tulee olla kaikessa kuollut itselleen. *Sillä ne, jotka ovat Kristuksen Jeesuksen omat, ovat ristiinnaulinneet lihansa himoineen ja haluineen. (Gal. 5:24)* Niinpä *miškā v* merkitsee myös faraon ja kuningas Aasan kuolinvuodetta.

Farao on Egyptin eli lihan kuningas. Kuningas Aasan sydän oli ehyesti antautunut Herralle. (1. Kun. 15:11,14) Mutta viimeisinä vuosinaan hän horjahti omavoimaisuuteen ja unohti Herran. Herra otti häneltä kuninkuuden pois. Kuningas Aasan ja faraon kuolinvuode on *miškā v*. Ylkä on nyt kuluttamassa *ahavā*-rakkauden tulella kihlattunsa lihan kuninkuuden. *Jos ei nisunjyvä putoa maahan ja kuole, niin se jää yksin, mutta jos se kuolee, niin se tuottaa paljon hedelmää. (Joh. 12:24)*

Jeesus sanoo: *"Joka ei vihaa omaa elämäänsä (vanhaa luomustaan), hän ei voi olla minun opetuslapseni –* hänen omansa." *(Luuk. 14:26)*

Ylkä kiertelee vuorilla, ja morsian kieriskelee yövuoteellaan. Morsian etsii yhteyttä. Verbi *bqš* (בָּקַשׁ, etsiä) tarkoittaa perinpohjaista, läpikotaista tutkimista. Mitään tahraa ei saa jäädä. Taustalla oleva verbi *bqq* (בקק) ilmaisee hävittämistä ja tuhoamista. Ja sitä varten on nyt kuluttava *ahavā* -rakkauden tuli. Verbi *bqš* mainitaan Raamatussa yhdeksän kertaa. Luku yhdeksän tarkoittaa Jumalan työn saattamista päätökseen, "musta mutta ihana"-ongelman lopullista ratkaisua.

Morsiamen hengessä soi jo ikään kuin hiljainen kevättuulen henkäys vuorilta, kuin metsäkyyhkysen ääni: "Nouse, nouse armaani, ja tule."

Minä rakastan niitä, jotka minua rakastavat, ja jotka minua varhain etsivät, ne löytävät minut. (Sananl. 8:17)

Morsian
**3:2 Minä nousen ja kiertelen kaupunkia,
katuja ja toreja, etsin häntä,
jota minun sieluni rakastaa.
Minä etsin, mutta en löytänyt häntä.**

Jeesus sanoo: *"Anokaa niin teille annetaan, etsikää niin te löydätte."* (Matt. 7:7)

Mikä on tämä kaupunki, jossa morsian kiertelee?

Kaupunki tarkoittaa ulkoisia, uskonnollisia ja hengellisiä rakennuksia, hierarkkisia rakennelmia. Morsian ymmärtää selkeästi, että ne ovat lähinnä ihmiskätten pystyttämiä ja ylläpitämiä. Löytyykö Jeesus siis kaupungilta. Kaupungin kadut ja torit viittaavat perinteisiin, joiden mukaan on totuttu vaeltamaan ja toreilla kokoontumaan. Jokaisella kaupungilla, sen kadulla ja torilla, on omat "sibbolettinsa", tunnussanansa. (Tuom. 12:6) **Löytääkö morsian hänet, jota hänen sielunsa rakastaa - *aha-vā*,** kaupungin kaduilta ja toreilta? Onko hänen oma "sibbolettinsa" oikea ja puhdas?

Kain rakensi ensimmäisen kaupungin. Kaupunki on osa maailmaa, joka muodostui syntiinlankeemuksen jälkeen. Maailma, ihmiselämän viitekehys, syntyi lihan ja pimeyden voimien yhteistoimin. Maailma on lihan summa. Se tarkoittaa luonnollisen ihmisen elämää Giihon-virran painostavassa vaikutuspiirissä. Jumalan suunnitelman mukaan Ylkä kutsuu morsiamensa juuri tästä pahasta maailmasta. Siksi on tärkeää, että morsian tarkistaa suhteensa maailmaan.

Nimrod oli ensimmäinen valtias maan päällä. Hänen johdollaan ihmiset sanoivat: *"Tulkaa, rakentakaamme itsellemme kaupunki ja torni, jonka huippu ulottuu taivaaseen, ja tehkäämme itsellemme nimi, ettemme hajaantuisi yli kaiken maan."* (*1. Moos. 11:4*) Näissä Nimrodin sanoissa on myös uskonnollisen maailman syntysanat. Uskonnollinen maailma muotoutuu kaikkialla näiden samojen kaupunkirakennelmien mukaisesti. Rakennusmestarina toimii edelleen Nimrod uskonnollisuuden henkenä. Uskonnollinen maailma rakentuu maailman ja Jumalan valtakunnan välimaastoon. Ja Nimrod pyrkii edelleen sitomaan ja vallitsemaan ihmisiä – myös ja ennen muuta uskovia. Näitä hierarkkisia rakennelmia ovat erilaiset kirkkokunnat – suuret ja pienet ja sitäkin pienemmät.

Kun jossakin syntyy aito herätys ja ihmisiä vapautuu maailman kahleista, nousevat esiin nimrodit. Heillä on nimi, jonka alle he kokoavat uskovat yhteen. Hyvää tarkoittaen he rakentavat valtahierarkian, jonka avulla hallitaan Jeesuksen nimessä. Mutta onko Jeesus siellä? Morsian ei löydä Ylkää kaupungin kaduilta, ei toreilta. Morsiamella ei siis ole mitään syytä viipyä siellä.

*Hengellinen ihminen tutkistelee kaiken, mutta häntä itseään
ei kukaan kykene tutkistelemaan. (1. Kor. 2:15)*

Hepreankielen sana 'ir (עִיר) tarkoittaa kaupunkia ja ympäröivää maaseutua. *'Ir* merkitsee myös langenneen Jerusalemin hätää ja kauhua (Jer. 15:8) Kantaverbillä (*'wr,* עוּר) on kolme merkitystä: synti sokaisee (2. Kun. 25:7), Jumalan Sana paljastaa (Hepr. 3:9) ja herättää (Ps. 8:3). Elämä kaupungissa ja erityisesti uskonnollisessa kaupungissa merkitsee hengellistä sokeutta. Verbi antaa morsiamelle myös lohduttavan lupauksen. Herra tulee ravistelemaan uskonnollista kaupunkia, niin että muurit sortuvat ja ympäröivät laitumet vapautuvat. Tuli katkoo morsiamen viimeisetkin siteet uskonnollisiin järjestelmiin. *Silloin sinä saat nähdä, ja sinä loistat ilosta, sinun sydämesi sykkii ja avartuu. (Jes. 60:5)* Verbi *'wr* lupaa, että kadut ja torit osoittautuvat vielä ahtaiksi, sillä sadetta on tuleva ylen määrin. *Sinä pidät maasta huolen, kastelet sen runsaasti, sinä teet sen ylen rikkaaksi. Jumalan virta on vettä täynnä. (Ps. 65:10)*

Morsian ymmärtää, ettei hänellä ole enää mitään tekemistä uskonnollisen kaupungin kanssa. Onhan hän etsimässä pääsyä sisälle Jumalan valtakuntaan, sisälle temppelinsä kaikkein pyhimpään:

"Hyvä Paimen, mistä minä löydän sinut, jota minun sieluni rakastaa?"

> *Mutta sitten sinä siellä etsit Herraa, sinun Jumalaasi, ja sinä löydät hänet, kun kysyt häntä kaikesta sydämestäsi ja kaikesta sielustasi. (5. Moos. 4:29)*

Morsian

3:3 Kohtasivat minut vartijat,
   jotka kaupunkia kiertävät.
   "Oletteko nähneet häntä,
   jota minun sieluni rakastaa?"

> Jeesus sanoo: *"Anokaa, niin teille annetaan; etsikää, niin te löydätte; kolkuttakaa, niin teille avataan." (Matt. 7:7)*

Ylkä liikehtii edelleen peurana ja gasellina tulen kajossa tuoksuisilla vuorilla. Morsian ei tavoittanut Jeesusta itsestänsä yövuoteella. Hän ei löytänyt Ylkää myöskään kaupungin kaduilta, ei toreilta. Hän kohtaa vielä kaupungin vartijat (*šomēr*, שֹׁמֵר). *Šomēr* on aseistettu järjestyksen valvoja. Vartijat ovat henkilöitä, jotka tarkkailevat uskonnollisia ja hengellisiä laitoksia. He valvovat, että kaikki on rauhallista kaupungissa, sen kaduilla ja toreilla. Vaarallisin häiriön aiheuttaja uskonnollisen kaupungin kaduilla on juuri morsian. Hänen kauttaan toreille saapuu elävä Jeesus Kristus. Silloin uskonnollisuuden henget nousevat raivoon. Ne puolustavat kaupunkinsa rauhaa ja rakastavat syvää hiljaisuutta sen kaduilla.

Morsian kysyy kaupungin vartijoilta, ovatko he nähneet Ylkää. Ei vastausta. He eivät tunne Jeesusta Kristusta. "Äitini pojatkin" tunsivat Jeesuksen ainoastaan nimeltä. (1:6) Ei hän löydä Ylkää takertumalla ihmisiin, ei hengellisiin vaikuttajiinkaan. Morsian ymmärtää, ettei hän voi ripustautua kehenkään ihmiseen: kuinka suuri ja miten hengellinen hän sitten onkin.

On vain yksi hengellinen auktoriteetti, johon hän voi turvallisesti liittyä. Hän on Jeesus Kristus itse, **hänen Ylkänsä, jota hänen sielunsa rakastaa − *ahavā*.** Morsiussielun tunnistaa siitä, että hän etsii Jeesusta ja hänen tuntemistaan. Tämän vaikuttaa Hyvä Paimen, joka asuu hänen hengessään. Paavali kirjoittaa kolossalaisille: *sen tähden, että teillä on rakkaus Hengessä, emme mekään, siitä päivästä alkaen, jona sen kuulimme, ole lakanneet teidän edestänne rukoilemasta, että tulisitte täyteen* **hänen tahtonsa tuntemista** *kaikessa hengellisessä viisaudessa ja ymmärtämisessä, vaeltaaksenne Herran edessä arvollisesti, hänelle kaikessa otollisesti, kaikessa hyvässä työssä hedelmää kantaen ja kasvaen* **Jumalan tuntemisen** *kautta. (Kol. 1:9,10)*

MORSIUSSIELUN SISÄISET VARTIJAT

Ylkäänsä etsivän morsiussielun sisäiset vartijat ovat tahto, tunne ja järki. Nämä kolme vartijaa ilmaisevat ihmisen sielun elämää, hänen persoonansa toimintaa. Uskovan sisäinen elämä rakentuu neljästä osaelementistä: sielu, mieli, sydän ja henki. Lisäksi morsiussielun hengessä asuu Jumalan Pyhä Henki viidentenä.

Tarkastelkaamme, miten nämä persoonan keskeiset osa-alueet järjestäytyvät ja toimivat keskinäisessä vuorovaikutuksessa.

Ihmispersoonan keskeisin vaikuttaja on hänen mielensä. Mielen toiminta tunnistetaan ajattelusta ja elämää koskevista ratkaisuista. Ihmismieli toimii kuin parlamentaarisesti järjestäytynyt valtion hallitus. Hallitus on eduskunnan säätämysten toimeenpaneva elin. Sielu vartijoineen vastaa eduskuntaa, joka säätää lait ja ohjeistaa hallitusta toimessaan. Mieli toteuttaa sielun tahtoa ja on sille alisteinen – niin kuin hallitus eduskunnalle. Mieli on ihmiselämää ohjaava ja ratkaisuja tekevä toiminnallinen elin. Niinpä sielun ja mielen keskinäisen toiminnan ristiriita ilmenee mielen toimintahäiriöinä. Tilanne vastaa valtionhallinnossa hallituskriisiä.

Kaikki jumalallinen ja inhimillinen viestintä ja toiminta välittyy mielen kautta.

Mikä on Jumalan mieli?

Jumalalla on suunnitelma. Miten Jumala toteuttaa suunnitelmansa, ja millä tavoin Hänen mielensä siihen liittyy?

Isä lähetti Poikansa. Kristus Jeesus on Isän mieli. Jeesus Kristus lähetti puolestaan Pyhän Hengen, joka on Kristuksen mieli. Paavali kirjoittaa, että meillä on Kristuksen mieli. *Kuka on tullut tuntemaan Herran mielen?... Mutta meillä on Kristuksen mieli.* (1. Kor. 2:16) *Kun Pyhä Henki tulee teihin, niin te saatte voiman, ja te tulette olemaan minun todistajani.* (Ap.t. 1:8) *Ja niin kuin Hänen voitelunsa opettaa teitä kaikessa, niin se opetus on myös totta.* (1. Joh. 2:27) Pyhä Henki, Kristuksen mieli, tulee uskovan henkeen asumaan. Uskovan henki on näin ollen Pyhän Hengen mieli. Uskovan hengestä käsin Pyhä Henki vaikuttaa Jumalan puheena ja ohjauksena hengen mieleen, joka on sydän. Sydän on hengen mieli.

Morsian on parhaillaan sitoutumassa *ahavā*-rakkauden tulessa liittoon Ylkänsä kanssa. Tulikasteessa "äitini talossa" esirippu repeytyy, ja tie avautuu "kantajani kammioon" (3:4). Silloin sielun mieli ja sydän, hengen mieli, vapautuvat esteettömään yhteyteen. Tätä varten on veren lisäksi Jeesuksen risti. (Hepr. 10:20) Kun tie kaikkein pyhimpään avautuu, uskova kuulee sydämessään Pyhän Hengen hiljaisen äänen – nyt vapaana ja selkeänä. Kun tämä on tapahtunut, sielun vartijat – tahto, tunne, järki – kykenevät ojentautumaan hengestä tulevan Jumalan ohjauksen mukaan.

Ihmisen mieli ja erityisesti uskovan mieli on taistelukenttä. Niin kuin Pyhä Henki vaikuttaa mieleen sisältä hengestä, samoin vihollisen demonivoimat manipuloivat mielen ajatuksia ulkoa maailmasta käsin. Mutta ne pyrkivät alituisesti myös vaikuttamaan uskovan sisimpään, sinne, missä Pyhä Henki ohjaa ja asustaa. Jos demonihenget onnistuvat pyrkimyksessään, ne soluttavat äänensä Pyhän Hengen puheen rinnalle. Esiintunkeutuvana (Giihon) ne tavoittelevat hallitsevaa asemaa uskovan hengessä. Tällöin pahaa aavistamaton uskova olettaa kuulevansa Jumalan puheen, joka mahdollisesti onkin demonien kuiskailua. Vallanhaluisena ne muodostavat todellisen vaaran uskovalle ja seurakunnalle. Siksi henkien erottamisen lahja on seurakunnassa hyvin tarpeellinen. Käsillä olevassa jakeessa kaupungin vartijat (*šomēr*) ovat juuri näitä vaikuttajia. Uskonnollisuuden henget haluavat, että kaupunki pysyy hiljaisena. Elävä Jeesus on niille kauhistus.

Voiko uskovassa olla demoneita? Tätä vaaraa ei hengellisissä piireissä yleensä tiedosteta. Ja kuitenkin kysymys elää. Vastauksena vannotaan varmasti ja vakuutetaan, että uskovassa ei voi olla demonia. Tämä tapahtuu kuitenkin vastoin parempaa tietoa. Onko edellä mainittu vakuuttelu sekin uskonnollisuuden hengen vaikutusta? Näin uskovat tuuditetaan väärään rauhaan, ja kaupunki pysyy rauhallisena. Uskovan synti ja Sanan vastainen toiminta antavat demoneille mahdollisuuden hengen saastuttamiseen, jopa valtaukseen. Olemme – kaikki ja kaiken aikaa – keskellä kiivasta taistelurintamaa. Siinä taistelussa ovat mukana sielun sisäiset vartijat. Sielun ja mielen alue on taistelukenttä, ja taistelu käydään ihmissielun omistamisesta. Sielun vartijat ovat järki, tunne ja viimeisenä sinettinä tahto. Valvovan sielun valpas mieli ja vahva tahto tuovat voiton; *ahavā-rakkaus on hänen lippunsa minun ylläni. (2:4)*

Mutta mitä tapahtuu morsiamen sydämessä? Onko hänen henkensä puhdas ja vapaa? Toimiiko siis Ylkäänsä sitoutuneen morsiamen mieli täysin hänen sydämensä ohjauksessa? Toimiiko hänen mielensä sydämestä nousevan Pyhän Hengen vaikutuksen mukaan?

Morsiusprosessissa on tapahtumassa lopullinen murtuma; tuli avaa vapautuvalle sielulle esteettömän yhteyden henkeen. Muistamme kuinka viinimajasta alkaen Hyvän Paimenen vasen käsi oli kihlatun morsiamen pään alla (mieli). Samoin Hänen oikea kätensä lepäsi morsiamen hengen yllä (sydän). (2:5) *Me emme ole saaneet maailman henkeä, vaan sen Hengen, joka on Jumalasta, että tietäisimme, mitä Jumala on meille lahjoittanut; ja siitä me myös puhumme, emme inhimillisen viisauden opettamilla sanoilla, vaan Hengen opettamilla, selittäen hengelliset hengellisesti. (1. Kor. 2:12,13)*

Nyt siis morsiamen tahto, tunne ja järki alistetaan tulen käsittelyyn, Hänen, **jota minun sieluni rakastaa − *ahavā***. Viimeisenä tulen puhdistava ja kirkastava vaikutus kohdistuu tahtoon. Israelin kansan korpivaelluksella Mooses (tahto) luovutti ennen luvattua maata johtajuuden Joosualle (*Yēšūa*). Samoin morsiamen tahto suopuu Hyvän Paimenen ohjaukseen. Ja vielä viimeiseksi Paavali kehottaa: *" Uudistukaa mielenne hengeltä!"* (*Ef. 4:23*) Sillä viime kädessä juuri ihmisen mieli tekee lopulta hänen elämäänsä koskevat ratkaisut.

Te etsitte minua ja löydätte minut, kun te etsitte kaikesta sydämestänne. Ja niin minä annan teidän löytää itseni, sanoo Herra. (Jer. 29:13,14)

3.4 TULIKASTE: MORSIAN SITOUTUU LIITTOON

Morsian

**3:4a Tuskin olin kulkenut heidän ohitsensa,
kun löysin hänet, jota minun sieluni rakastaa;**

**3:4b minä tartuin häneen enkä hellittänyt hänestä,
ennen kuin olin saattanut hänet äitini taloon,
kantajani kammioon.**

ERÄMAASSA

Morsian

**3:5 Minä vannotan teitä, te Jerusalemin tyttäret,
gasellien tai kedon peurojen kautta;
älkää häiritkö, älkää häiritkö rakkautta,
ennen kuin se itse haluaa.**

Tuli laskeutuu morsiamen ylle neljännen kerran: **löysin Hänet, jota minun sieluni rakastaa** – *ahavā*.

Kun morsian irrottautuu uskonnollisuuden hierarkkisista rakenteista ja sen vartijoista ja kun hän saa taivuteltua vielä oman temppelinsäkin vartijat Hengen ohjaukseen, hän löytää välittömästi yhteyden Ylkään. *"Herra on teidän kanssanne, kun te olette hänen kanssansa; ja jos häntä etsitte, niin te löydätte hänet... Kun he ahdistuksessansa palasivat Herran tykö ja etsivät häntä, niin he löysivät hänet."* (*2. Aik. 15:2,4*) Tämän jälkeen käynnistyy morsiusprosessin viimeistelyjakso – erämaa. *Ahavā*-rakkauden tuli laskeutuu viidennen kerran: **älkää häiritkö rakkautta** – *ahavā*.

Teksti kuvaa erämaata samoilla sanoilla kuin liljaprosessin talviaikaa. (2:7) Tekstin yhtäläisyys ilmaisee, että on kysymys kahdesta hyvin voimakkaasta hengellisestä valmistelusta. Mutta jakeiden samankaltaisuus kätkee sen, kuinka erilaisia nämä jaksot kuitenkin ovat. Talven koleudessa Yljän käsivarsien syleily piti morsianta lämpimänä. Erämaassa *ahavā*-rakkauden viisinkertainen tuli ajaa morsianta. Tuli puhdistaa nyt morsiamen lopullisesti viimeisistäkin lihan tahroista. Jeesuksen, Jumalan Pojan, morsiamen hääasun tulee olla täydellinen, niin kuin Ylkäkin on täydellinen. Hääasuun pukeutuminen alkoi viinimajasta Pyhän Hengen kasteena. (2:4) Nyt tulikaste viimeistelee juhla-asun.

Erämaassa Ylkä pukee morsiamensa lopullisesti häävaatteisiin. Ylkä on kierrellyt kaiken aikaa tuoksuisilla (*bɛtɛr*) vuorilla. *Bɛtɛr* tarkoitti edellä halkaistuja uhrieläimiä. Niinpä tuoksujen lähde on tällä kertaa halkaistussa vuoressa. Yljän viivyttely vuorilla merkitsee esiripun repeämistä erämaan tulen ahjossa – kihlatun morsiamen sisimmässä.

Jeesus huusi suurella äänellä ja antoi henkensä. Ja katso, temppelin esirippu repesi kahtia (skhizō, σχίζω *) ylhäältä alas asti, ja maa järisi ja kalliot halkesivat (skhizō). (Matt. 27:50,51) Bɛtɛr ja skhizō* pitävät yhtä. Jeesus oli tuolloin vihkinyt kuolemallaan ja sittemmin ylösnousemisellaan meille pääsyn sisälle Jumalan valtakuntaan. (*Hepr. 10:20*) Yhtälailla tapahtui, kun Stefanus antoi henkensä kivittäjiensä edessä. *Täynnä Pyhä Henkeä hän loi katseensa taivaaseen päin ja näki Jumalan kirkkauden ja Jeesuksen seisomassa Jumalan oikealla puolella, ja sanoi: "Katso, minä näen taivaat auenneina ja Ihmisen Pojan seisovan Jumalan oikealla puolella. (Ap.t. 7:55,56)* Erämaan tuli kuluttaa ja ristiinnaulitsee lihan. Vanhan luomuksen kuolema avaa näköalat Jumalan kirkkauden valtakuntaan.

Erämaassa esirippu avautuu. Morsian on astumassa sisään viidennestä ovesta – toisen temppelin kaikkein pyhimpään. (Liite 1)

Jeesuksen vertauksessa kymmenestä neitsyestä tuli syttyy viisaiden lamppuihin. He saavat tulen suitsutusalttarilta. Jeesuksen vertauksessa leivisköistä viisi leiviskää saanut on tavoittamassa nyt toiset viisi. *Silloin tuli se, joka oli sanut viisi leiviskää ja sanoi: "Herra, viisi leiviskää sinä minulle uskoit, katso, toiset viisi leiviskää minä olen voittanut." (Matt. 25:20)*

3.5 MORSIAN LIITTYY YLKÄÄN

Morsian
**3:4a Tuskin olin kulkenut heidän ohitsensa,
kun löysin hänet, jota minun sieluni rakastaa.**

Jeesus sanoo: *"Jokainen anova saa, ja etsivä löytää, ja kolkuttavalle avataan."* (Matt. 7:8)

Morsian on luopunut oman lihansa elämästä. Hän on sanoutunut irti ihmiskätten uskonnollisesta ja hengellisestäkin viitekehyksestä. Ja hän on jättänyt myös inhimilliset tuet, joihin nojata ja ripustautua. Morsian liittyy ja pitäytyy Jeesukseen – ainoaan todelliseen auktoriteettiin. Ja silloin hän löytää **Hänet, jota hänen sielunsa rakastaa – ahavā**. Hän kohtaa jälleen Hyvän Paimenensa. Jeesus sanoo: *"Jos joku tulee minun tyköni eikä vihaa isäänsä ja äitiänsä ja vaimoansa ja lapsiaan ja veljiään ja sisariaan, **vieläpä omaa elämäänsäkin**, hän ei voi olla minun opetus-lapseni."* Luukas jatkaa Jeesuksen sanoja opetuslapseudesta: ***"Joka ei kanna ristiänsä ja seuraa minua**, se ei voi olla minun opetuslapseni."* Ja Jeesus sanoo vielä kolmannen kerran morsiussieluille: *"Niin ei myös teistä yksikään, **joka ei luovu kaikesta, mitä hänellä on**, voi olla mi-nun opetuslapseni."* (Luuk. 14:26,27,33)

Jeesus ei tarkoita, että tulisi vihata kaikkein läheisimpiä – päinvas-toin. Mutta hän käyttää tässä yhteydessä hyvin voimakkaita sanoja osoittaen, ettei hänen ja ristin välissä saa olla mitään. En voi olla hänen omansa, jos kannan mukanani joitakin "sibboletteja", tukeutuen johon-kin muuhun kuin Kristukseen. On vain risti ja rakkauden tuli. Ylkä tarkoittaa kaikesta omasta luopumisella sisäistä – mielessä ja sydämessä – elävää omistussuhdetta johonkin muuhun kuin Jeesukseen Kristuk-seen. Jeesus ilmaisee välittömästi itsensä morsiamelle, kun hän on ymmärtänyt riippuvuutensa ja sanoutunut niistä irti. Ja mistä morsian sanoutuu irti, sen tuli välittömästi kuluttaa tuhkaksi. Ja näin Ylkä pukee tuhkan sijaan hääpuvun kultakudosta morsiamensa ylle. *Ylen ihana on kuninkaan tytär sisäkammiossa.* (*Ps. 45:14*)

Kun Ester meni kuninkaan luokse, hän ei ottanut mukaansa mitään omaa. Hänet kuningas kruunasi puolisoksensa. (Est. 2:15-17)

Morsian
3:4b Minä tartuin häneen enkä hellittänyt hänestä,
ennen kuin olin saattanut hänet äitini taloon,
kantajani kammioon.

Jae kertoo Yljän ja morsiamen välisen uudistuneen suhteen syvyydestä. Kun Ylkä ilmaisee itsensä morsiamelle, tämä tarrautuu Häneen kiinni. Morsiamen otteessa on sama päättäväisyys kuin kyyhkysen silmissä. Ja Jeesus lupaa saattaa hänet sisälle Jumalan valtakuntaan, kantajansa kammioon. *Minä käyn sinun edelläsi ja tasoitan kukkulat, minä murran vaskiovet ja rikon rautasalvat. Minä annan sinulle aarteet pimeän peitosta, kalleudet kätköistänsä, tietääksesi, että minä, Herra, olen se, joka sinut nimeltä kutsuin, minä, Israelin Jumala. (Jes. 45:2,3)*

Ylkä lupasi tulevalle morsiamelle jo kihlauksen edellä, että "hänen jalo tammansa vapautetaan faraon vaunujen edestä... ja edelleen, että me teemme sinulle kultakäädyt ynnä kaulallesi hopeasta helmet". (1:9,11) Tässä yhteydessä Herra on täyttämässä kihlauksen aikaisen lupauksensa.

Ja nyt morsian on astumassa sisälle Jumalan valtakuntaan. Jumalan valtakunta merkitsee "äitini taloa". Kun fariseukset kysyivät häneltä, milloin Jumalan valtakunta oli tuleva, vastasi hän heille ja sanoi: *"Ei Jumalan valtakunta tule näkyvällä tavalla, eikä voida sanoa: 'Katso, täällä se on', tahi: 'Tuolla'; sillä katso, Jumalan valtakunta on sisällisesti teissä* (adv. *entos*)." (*Luuk. 17:20,21*) Adverbi *entos* tarkoittaa sisällä tai keskellä olemista. Toisin sanoen Jumalan valtakunta on fariseusten keskellä mutta sisällisesti morsiussieluissa.

Jeesus sanoi Nikodeemukselle: *"Totisesti, totisesti minä sanon sinulle: jos joku ei synny vedestä ja Hengestä, ei hän voi päästä **sisälle Jumalan valtakuntaan.***" *(Joh. 3:5)* Jumalan valtakunta on keskellämme. Kihlattu morsian tiedosti sen, kun hän uudestisyntyi ylhäältä. Laulujen Laulun kuvauksessa siirtyminen sisälle Jumalan valtakunnan elämään merkitsee sitä, että uskova vaeltaa esipihan alttarilta sisälle temppeliin – Jumalan ilmestymisen majaan. Temppeli, sen pyhä ja kaikkein pyhin, on jakeen mainitsema "äitini talo". Ja muistamme vielä, että jokainen morsiussielu on Pyhän Hengen temppeli. Kaikki nämä siirtymät tapahtuvat morsiamessa itsessään ja suhteessa Jeesukseen, joka on Ylkä.

Siirtyminen sisälle Jumalan valtakunnan elämään, "äitini taloon", alkoi viinimajasta. Silloin morsian täyttyi Pyhällä Hengellä, joka tuli hänelle Hyväksi Paimeneksi. (3:4) Liljaprosessi merkitsi siirtymistä alttarilta temppelin ovelle. (2:5-9) Morsiusprosessi johdatti hänet sisälle pyhään ja pyhän läpi suitsutusalttarille. (2:8-16) Ja suitsutusalttari tarkoittaa hänelle tulikastetta. Tuli siirtää morsiamen sisälle kaikkein pyhimpään – "kantajansa kammioon". (Liite 1) Temppelin kaikkein pyhimpään sai astua ainoastaan ylimmäinen pappi kerran vuodessa. Morsian ja hänen puhdistettu mielensä on hänen oman temppelinsä "ylimmäinen pappi". Tämä hetki suitsutusalttarin äärellä on ainutlaatuinen ja ainutkertainen tapahtuma. Hyvä Paimen on saattamassa morsiamen sisälle kaikkein pyhimpään, kuninkaalliseen pappeuteen. Jeesuksen veren kautta hänellä on pääsy sisälle. Ja kun lihan esirippu on nyt repeytynyt, hänellä on myös mahdollisuus käydä armoistuimen äärelle. *Jeesuksen veren kautta meillä on pääsy (lupa) kaikkein pyhimpään, jonka pääsyn hän on vihkinyt meille uudeksi ja eläväksi tieksi, joka käy esiripun, se on hänen lihansa kautta. (Hepr. 10:19,20)*

Tämä esiripun avautuminen tapahtuu erämaassa, erämaan tulessa, joka kuluttaa, lämmittää ja valaisee.

MORSIAN ERÄMAASSA

Morsian Jerusalemin tyttärille
3:5 Minä vannotan teitä, te Jerusalemin tyttäret,
gasellien tai kedon peurojen kautta:
älkää häiritkö, älkää häiritkö rakkautta,
ennen kuin se itse haluaa.

Yön ja erämaan hiljaisuudessa vapautuvat tuoksut. Tuoksut ilmaisevat hengellisten silmien avautumista ja hengellisen ymmärryksen avartumista. Tuoksut kumpuavat kaikkein pyhimmästä, "kantajani kammiosta".

Gasellit ja peurat ovat naaraita. Erämaa merkitsee äidin syliä ja *ahavā*-rakkauden hautomoa sisällä "äitini talossa".

Verbin ʿ*wr* (עור, häiritä) radikaalit kertovat, kuinka "hengellinen näkeminen ja käsittäminen vapautuvat (ʿ*ayin*, silmä) Jeesuksen (*rēš*, pää) seurassa (*wāw*, naula)".

Verbi ʿ*wr* tarkoittaa toisaalta sokeutta ja toisaalta sokeuden paljastumista, alastomuutta Herran edessä. Se merkitsee tulen läpivalaisua, jossa viimeisetkin vieraat vaikuttimet paljastuvat. Kolmanneksi ʿ*wr* ilmaisee heräämistä ja valvomista. Verbin johdannaisiin kuuluu myös ʿ*ir* (עיר, kaupunki). Morsian kulki kaupungin kaduilla ja toreilla. (3:2) Siellä hän jo aavisti Hengen virtojen puhkeamisen ja liikkeelle lähdön (ʿ*wr*). Mutta Henki sanoo, että erämaan hiljaisuutta ei saa häiritä. Rakkaus (*ahavā*) tietää, milloin hääasu on valmis.

Erämaassa morsiamen häävaatteet puhdistuvat tulen kautta. Tuli riisuu ja kuluttaa vanhat vaatteet. Ja saman tien morsiusprosessi pukee morsiamen ylle vanhojen sijaan uudet, hohtavat pellavavaatteet. Morsiamen katse on kiinnitetty Jeesukseen. Jeesus on *ahavā*-rakkaus, jonka läheisyydessä "minun nardukseni" (1:12) tuoksu herää. Kaikki, mikä on vanhaa, joutuu väistymään uuden ja puhtaan tieltä. Minne valo tulee, sieltä pimeys kaikkoaa. *Kuka kestää Yljän tulemisen päivän, ja kuka voi pysyä, kun hän ilmestyy? Sillä hän on niin kuin kultasepän tuli ja niin kuin pesijän saippua. Ja hän istuu ja sulattaa ja puhdistaa hopean, hän puhdistaa Leevin pojat, saa ne puhtaiksi kuin kullan ja hopean, ja sitten he tuovat Herralle uhrilahjoja vanhurskaudessa. (Mal. 3:2,3)*

Ahavā-rakkauden syleilyssä morsian avautuu Jeesukselle. Hänen hengellinen ymmärryksensä sulautuu yhdeksi rakkauden kanssa, rakkauden, joka peittää kaiken. Sillä kaikki on luotu rakkauden kautta ja rakkauteen ja kaikki pysyy rakkaudessa voimassa. Myös morsiamen hengellinen näkökyky terävöityy ja kirkastuu. Tulen hehkussa hän tulee käsittämään Jumalan suuren salaisuuden, Kristuksen Jeesuksen olemuksen. Sillä kaikki on luotu valon kautta ja valoon ja kaikki pysyy voimassa Kristuksen valkeudessa. Kristus Jeesus on rakkaus ja valon häikäisevä kirkkaus.

Morsiamen keväässä (2:12) kukat (*niṣṣānim*) puhkesivat väriloistoon. *Niṣṣānim* tarkoitti, että kukissa oli hienoinen valon hohde. Kaikki taivaasta peräisin oleva omistaa Kristuksen kirkkauden. Siksi myös morsian muuttuu erämaassa kirkkaudesta kirkkauteen, koska kaikki on luotu valoon ja valon kautta.

Erämaassa morsian tutustuu Jeesuksen ristin todelliseen luonteeseen. Risti merkitsee Jumalan rakkauden yltäkylläisyyttä: *Hänen ikeensä on sovelias ja kevyt kantaa.* Erämaan tuli on *ahava*-rakkauden liekki. Se on samaa olemusta kuin morsiamen uusi luomus, Kristus-elämä; *rakkaus on hänen lippunsa minun ylläni.* Niin kuin kulta puhdistetaan tulessa, niin puhdistetaan morsian erämaassa; *rakkauden hehku on tulen hehku.* Uusi luomus ja jumalallinen luonto ovat puhtautta ja kirkkautta

Kristuksessa Jeesuksessa. Morsian on puettu valoverhoon Yljän seurassa.

Herra lohduttaa Siionin, lohduttaa kaikki sen rauniot, hän tekee sen erämaasta kuin Eedenin ja sen arosta kuin Herran puutarhan; siellä on oleva riemu ja ilo, ja ylistysvirren ääni. (Jes. 51:3)

Kihlattu morsian totesi ja suorastaan kysyi Yljältä kihlauksen jälkeen: "Olenko minä nyt lilja?" (2:1) Liljan kaksoiskukka kuvasi hänen identiteetin etsintäänsä. Ulommat terälehdet – Jeesuksen puhtaus – ottivat syliinsä kihlatun morsiamen täplikkäät, paikoin harmaat ja risaiset, terälehdet. Erämaan tulessa liljankukka saa nyt täydellisen teriön. Terälehtien kirkkaus on keskenään sama. Morsian on löytänyt identiteettinsä. Hän tietää nyt, kuka hän on kihlattuna morsiamena ja Yljän omaksi sitoutuneena.

3.6 Morsian saapuu hääasuun pukeutuneena

Jerusalemin tyttäret morsiamelle (Liite 2)
3:6 Kuka tuolta tulee erämaasta kuin savupatsaat,
tuoksuten mirhalta ja suitsukkeelta,
kaikkinaisilta kauppiaan hajujauheilta?

Morsian saapuu erämaasta savupatsaina. Eikä savua ilman tulta. On mielenkiintoista nähdä, mitä Pyhä Henki on kätkenyt sanaan "savupatsaat". Savun (*ʾāšān*, עָשָׁן) kantaverbi *šn* tarkoittaa tupruta savuna. Radikaalit kertovat, että "morsian on saanut kokea erämaassa (*ʿayin*; silmä), kuinka tuli ahmii ja tuhoaa (*šīn*; hammas) lihan, kaiken oman (*nūn*; kala)". *Sen edellä käy kuluttava tuli, sen jäljessä polttava liekki. Niin kuin Eedenin puutarha on maa sen edessä, sen jäljessä on autio erämaa, eikä jää ketään, joka olisi siltä pelastunut. (Joel 2:3)* Tämä tarkoittaa, että tulikaste puhdistaa täysin puhtaaksi, niin ettei hääasuun jää tahraa, ei ryppyä.

(Savu)patsas (תִּימָרָה, *timārā*) mainitaan Raamatussa ainoastaan kaksi kertaa. Sana on kuin luotu tätä nimenomaista käyttöä varten. Toisaalla Jooel puhuu Herran päivästä ja käyttää silloin samaa sanaa kuluttavana tulena. (Joel 2:30) Heprean substantiivin *timārā* (patsas, pylväs) radikaalit selittävät sanaa, kuinka "Jeesuksen risti ja hänen haavoitetut käsivartensa (*tāw*, risti, ja *yōd*, käsivarsi) ilmaisevat mahdollisimman selkeästi (*mēm*; vesi), että Jeesus on Kristus, Ylkä (*rēš*; pää), kun Pyhä Henki avaa hengellisen näkökyvyn (*hē*; ikkuna)". Ja erämaassa tulen kirkkaus saattaa silmät näkemään ja ymmärryksen käsittämään hengellisesti. Paavali kirjoittaa Jeesuksesta totuuden pylväänä ja kulmakivenä: *Totuuden pylväs ja perustus ja tunnetusti suuri on jumalisuuden salaisuus: Hän, joka on ilmestynyt lihassa... Kulmakivenä on itse Kristus Jeesus, jossa koko rakennus liittyy yhteen ja kasvaa pyhäksi temppeliksi Herrassa. (1. Tim. 3:15,16; Ef. 2:20,21)*

Ja vielä savupatsaista puheen ollen alkukielen ilmauksen voi ymmärtää vertailevan "kuin"-sanan sijaan inessiiviksi – sisällä olemiseksi. Sen mukaan morsian saapuu erämaasta savupatsaana, tupruavan savuverhon sisässä. "Savu" kumpuaa hänestä itsestään. Jotain on todella palanut erämaassa. Mirha suitsukkeen rinnalla kertoo, että liha on kulutettu loppuun. Morsian saapuu täysin anteeksisaaneena olemuksensa puhtaudessa. Suitsuke (*levonā,* לְבֹנָה) viittaa Libanonin vuoristoon, jossa Ylkä on kierrellyt ja odottanut morsiantansa.

Kallio halkeaa ja tuoksut tulvahtavat esiin.

ESIRIIPPU REPEYTYY

Kun morsian nousee erämaasta, Jerusalemin tyttäret ovat häntä vastassa. He itse ovat liljaprosessissa ristin rasittamina. He näkevät oman lihansa toivottoman saastaisuuden Jumalan edessä. Oman talvisen erämaansa uuvuttamina (2:7) he katsovat nyt morsianta, joka nousee erämaasta. Jerusalemin tyttäret eivät voi uskoa silmiään: "Kuka olet sinä, joka saavut erämaasta? Mitä sinulle on tapahtunut?"

Vastakohtaisuus on suuri. Jerusalemin tyttäret katselevat morsiamen paluuta omien seiniensä ja ikkunaristikoittensa takaa. (2:9) Ristikoiden ulkopuolella morsian on vapaa ja pukeutunut sädehtivään loistoon. He ymmärtävät tulen ja savupatsaat hänen yllään ja hänessä. Ja he aistivat morsiamen puhtauden tuoksuissa. Jerusalemin tyttäret kiinnittävät erityisesti huomiota morsiamen sidottuun mirhakimppuun: vanhan kuolemasta on ylösnoussut uusi. He näkevät oman liljaprosessinsa kautta, kuinka ristin työ on morsiamessa todellisuutta.

Yljän jalo tamma on vapaa faraon valjaista. Vapautuminen ilmenee tuoksujen tulvana. Sama ilmiöhän tapahtui kihlauksen yhteydessä. (1:12) Jeesuksen läheisyys vapautti silloin tulevassa morsiamessa narduksen tuoksun. Nardus on elävän Jeesuksen ja uuden luomuksen tuoksu. Vastaavalla tavalla nyt – kaikkinaiset kauppiaan hajujauheet, taivaalliset tuoksut, tulvahtelevat hänessä vapaina.

Se, mitä Jerusalemin tyttäret näkivät morsiamen ympärillä savuna, onkin itse asiassa kauppiaan tuoksujen vapautumista. Näin voimmekin ymmärtää, että hän saapuu erämaasta tuoksujen pilvessä kuin savun ympäröimänä. On kysymys hengellisestä ihmisestä, jonka kauneutta ja rikkautta Pyhä Henki, kauppias, kuvaa aineettomilla tuoksuilla.

Tuoksut kertovat Jerusalemin tyttärille hääasun hengellisestä luonteesta: *ylen ihana on kuninkaan tytär sisäkammiossa, kultakudosta on hänen pukunsa. Kirjailluissa vaatteissa hänet saatetaan kuninkaan tykö. Neitsyet seuraavat häntä, hänen ystävättärensä tuodaan sinun tykösi. Ilolla ja riemulla heitä saatetaan, he astuvat kuninkaan palatsiin… mirhaa, aloeta ja kassiaa tuoksuvat kaikki sinun (pellava)vaatteesi, kanteleet helisevät sinun iloksesi norsunluisista palatseista. (Ps. 45:14-16,9)*

Liljoina Jerusalemin tyttäret eivät kuitenkaan voi vielä tunnistaa morsiamen eri tuoksuja kauppiaan hajujauheissa.

Jerusalemin tyttäret tervehtivät morsianta sanoin:

”Katso, kaunis sinä olet.”

Paavali kirjoittaa, että *minä olin päättänyt olla teidän tykönänne tuntematta mitään muuta paitsi Jeesuksen Kristuksen, ja hänet ristiinnaulittuna. Ja ollessani teidän tykönänne minä olin heikkouden vallassa ja pelossa ja suuressa vavistuksessa, ja minun puheeni ja saarnani ei ollut kiehtovia viisauden sanoja vaan Hengen ja voiman osoittamista. (1. Kor. 2:2-4)*

Erämaasta nousee hengellinen morsian.

Laulujen Laulussa tuoksut kuvaavat hengellistä elämää. Ensimmäiset tuoksut kohtasimme kihlauksen yhteydessä: nardus, mirha ja koofer. Morsiamen keväässä ilmestyivät hänen elämäänsä ensimmäiset ylösnousemisen tuoksut – hääasun kultakudos; *viiniköynnökset ovat kukassa ja* **tuoksuavat.** (2:13) **Kauppiaan hajujauheet, Kristuksen tuoksut,** kertovat nyt, että morsian on täydellinen hääasussaan. *Me puhumme viisautta* **täydellisten seurassa** *(teleios, τέλειος), mutta emme tämän maailman viisautta emmekä tämän maailman valtiasten, jotka kukistuvat, vaan me puhumme salattua Jumalan viisautta, sitä kätkettyä, minkä Jumala on edeltämäärännyt ennen maailmanaikoja meidän kirkkaudeksemme. (1. Kor. 2:6,7)*

Kreikankielen sana *teleios* tarkoittaa ihmisen eli morsiamen täydellisyyttä, morsiusprosessin loppuun saattamista. Ja hepreankielen sanan *kol* (kaikkinainen) kantaverbi *kalal* merkitsee kauneudessa täydelliseksi tekemistä. Verbin johdannaisia ovat: täydellisyys, puhdistettu kulta ja juhla-asu.

Savu, suitsuke ja mirha kertovat suitsukealttarin ohittamisesta. (Liite 1.)

3.7 HÄÄASUN TARKASTELUA

SALOMON KAKSI KANTOTUOLIA

Katso, siinä on Salomon kantotuoli ja sen ympärillä kuusikymmentä urhoa, Israelin urhoja, kaikki miekkamiehiä, sotaan harjoitettuja; jokaisella on miekka kupeellansa öitten kauhuja vastaan.

Kuningas Salomo teki itsellensä kantotuolin Libanonin puista. Sen pilarit hän teki hopeasta, sen istuimen kullasta, sen istuintyyny purppurasta; sisältä sen koristeli rakkaus Jerusalemin tyttäriä varten. (3:7-10)

Ylkä kertoo morsiamelle ja Jerusalemin tyttärille morsiamen erämaassa kokemasta muutoksesta ja hänen hääasustansa. Morsian kuvataan kahtena kantotuolina. Ensimmäinen – *Salomon kantotuoli* – on ruumispaarit, jolla lepää vanha luomus kuolleena. Toinen kantotuoli – *Kuningas Salomon kantotuoli* – on morsiamen uusi luomus. Uusi luomus on se morsian, jonka Ylkä on kihlannut ja pukenut hopeaan, kultaan ja purppuraan häitä varten.

Morsian ymmärtää, mitä Ylkä hänelle puhuu. Jerusalemin tyttärille puhe on vielä paljolti käsittämätöntä.

On tie – Jeesuksen tuntemisen tie. Uskonnollisuuden henki vaikuttaa seurakunnassa sen, että uskovien hengellisen elämän laatueroista vaietaan. On loukkaavaa puhua erikirkkaista tähdistä, edes sellaisen mahdollisuudesta. Mutta Paavali näkee, kuinka *toinen on auringon kirkkaus ja toinen kuun kirkkaus ja toinen tähtien kirkkaus, ja toinen tähti voittaa toisen kirkkaudessa. (1. Kor. 15:41)*

On hengellisen kasvun tie. Siitä tiestä Laulujen Laulun prosessit kertovat. Hengellisen tilan kirkkausaste määräytyy Jeesuksen tuntemisesta, suhteesta Jeesukseen Kristukseen. Tutustuminen tapahtuu seurustelun ja yhteyden kautta. Yhteydessä Jeesukseen on Pyhällä Hengellä ratkaiseva merkitys. Suhteessa Pyhään Henkeen uskovat puolestaan eroavat toisistaan: on niitä, jotka olettavat saaneensa Pyhän Hengen uudestisyntymisen yhteydessä. Toisaalta on heitä, jotka ovat saaneet Pyhän Hengen, mutta eivät tunne Häntä Hyvänä Paimenena. Tutustuminen Jeesukseen ja Jeesuksen tutustuminen kihlattuun morsiameensa tapahtuu Hyvän Paimenen seurassa. Viinimajan jälkeen (2:4) Hyvä Paimen kehottaa kihlattua morsianta ottamaan ristinsä ja seuraamaan Häntä; *rakkaus on Hänen lippunsa (risti) minun ylläni.* Suhde ristiin on tällöin valittava. Jeesuksen opetuslapset seuraavat Hyvää Paimenta, ja molemminpuolinen tutustuminen tapahtuu.

Tyhmät neitsyet lähtivät Ylkää vastaan, vaikka heillä ei ollut öljyä astioissaan (hengessään). Ja Ylkä ei tuntenut heitä. Miksi ei? Koska heillä ei ollut seurustelusuhdetta, jonka kautta he olisivat tutustuneet toisiinsa. Heillä ei ollut Hänen Henkeänsä Hyvänä Paimenena, vaikka olivat uudestisyntyneitä.

Uudestisyntymässä tulemme tuntemaan Jeesuksen nimeltä. Samoin hän on kutsunut meidät nimeltä. Nimeltä tunteminen ei kuitenkaan näytä riittävän. Monet ennustivat Jeesuksen nimen voimassa ja ajoivat ulos riivaajia. Ja moni teki voimallisia tekoja Jeesuksen nimen kautta. (Matt. 7:22) Mutta se ei riittänyt. He eivät kuitenkaan oikeasti tunteneet Jeesuksen kanssa toinen toistansa.

Hyvän Paimenen johdolla morsiussielut tutustuvat prosessien myötä Jeesukseen Kristukseen. Matkan edetessä hengelliset aarteet avautuvat ajallaan. Joka on ehtinyt pidemmälle tiellä, hänen hengellinen elämänsä on rikkaampaa kuin vasta-alkajan. Tästä Paavali kirjoittaa, että on eri kirkkaita tähtiä: *Olkoon siis meillä, niin monta kuin meitä on täydellistä, tämä mieli; ja jos teillä jossakin kohden on toinen mieli, niin Jumala on siinäkin teille ilmoittava, kuinka asia on.* **Kunhan vain,** *mihin saakka* olemme ehtineetkin, **vaellamme samaa tietä.** *(Fil. 3:15,16)*

Tämän tähden Jerusalemin tyttäret eivät tunnista vielä tuoksuja, jotka ympäröivät erämaasta tulevaa morsianta. Eivätkä he ole siitä morsiamelle kateellisia, koska he vaeltavat samaa tietä.

VANHAT VAATTEET ON RIISUTTU

Ylkä Morsiamelle ja Jerusalemin tyttärille
3:7 Katso, siinä on Salomon kantotuoli,
   ja sen ympärillä kuusikymmentä urhoa,
   Israelin urhoja,

3:8 kaikki miekkamiehiä, sotaan harjoitettuja;
   jokaisella on miekka kupeellansa
   öitten kauhuja vastaan.

Ylkä tekee morsiamensa tietoiseksi siitä, mitä erämaa on merkinnyt hänen hengelliselle kasvulleen ja elämälleen. Risti on sitonut kaiken katkeruuden. Sidottu mirhakimppu on tuonut morsiamen koko elämän Jumalan anteeksiannon piiriin. Vanha luomus, yksi ketuista, on sidottu ruumispaareille (*mitta*).

Mitta kuvaa "Salomon kantotuolia". Hepreankielen sana *mitta* on feminiinisukuinen. Se kertoo morsiamen itsensä, hänen lihallisen luontonsa, kuolinpaareista.

Mitta esiintyy Raamatussa kaksikymmentäyhdeksän kertaa. Kaikki maininnat kertovat kuolemaan liittyvästä vuoteesta tai kuolinvuoteesta. Tähän yhteyteen osuva lainaus on Abnerin kuolinvuode (*mitta*). Saul oli lihan kuningas. Abner oli hänen sotapäällikkönsä. Saulin kuoltua Abner liittoutui Daavidin kanssa. Liitto oli hengellisesti sopimaton.

Jooab, Daavidin sotapäällikkö, pisti Abnerin välittömästi kuoliaaksi. "Ja kuningas Daavid kulki Abnerin ruumispaarien perässä (*mitta*)." (2. Sam. 3:31) Tavallaan kuningas Daavid jää valvomaan, että lihan kuninkuus pysyy lopullisesti kuolinpaareilla.

Salomon kantotuolia (*mitta*) ympäröi kuusikymmentä miekkamiestä. Miekkamiehet on rakenteellisesti yhdistetty setripalkein (Sanalla) kantotuoliin. *Temppelin kylkirakennukset... oli kiinnitetty* (ʾḥz, אחז) *setripalkeilla temppeliin.* (1. Kun. 6:10)

Yhdyssana "miekkamies" koostuu miekasta ja verbistä ʾḥz. Näin yhdyssana miekkamies tarkoittaa verbin mukaan: miekan omistamista, miekkaan tarttumista ja miekkaan kiinnittymistä. Miekkaan kiinnittymisen takia Israelin urhot ovat rakenteellisesti yhtä kantotuolin kanssa. Sitä he ovat myös suhteessa miekkaan, joka tarkoittaa setrin lailla Jumalan Sanaa. Morsian on siis hyvin vahva Sanan tuntemisessa. Se merkitsee Jeesuksen tuntemista, joka on elävä Sana. Hän on kasvanut kiinni ja sulautunut yhteen elävän Sanan kanssa. Ylkä ja morsian tuntevat toisensa ja ovat yhtä olemusta keskenään. Se, että sotaurhoilla on miekka kupeella, tarkoittaa valvovaa morsianta. Sana elää hänelle. Ja elävä Sana pitää lihan ruumispaareilla.

Miksi miekkamiehiä on kuusikymmentä urhoa? Luku kuusikymmentä ilmaisee Raamatussa ylpeyttä, itsekkyyttä ja omanarvontuntoa. Sen tähden tarvitaan juuri kuusikymmentä miekkamiestä pitämään mirhakimppu sidottuna ja lihan syntiruumis kuolinpaareilla. Taistelu lihan ja Hengen välillä on päättynyt. Sen tähden "Kuningas Salomon kantotuoli", uusi luomus, elää vapaudessa ja sisäisessä rauhassa.

Musta lihan varjo on poissa ja uuden luomuksen kirkkaus heijastuu kuin tulen hehku. Morsian on saanut erämaassa vahvan hengellisen taisteluvarustuksen yön kauhuja vastaan, taistelussa, jonka Jeesus on jo edeltä voittanut. Morsianta verrataan Israelin urhoihin, joiden puolesta ja kanssa Jeesus itse taistelee. Yön kauhut kertovat kahdesta isosta ketusta: saatanasta, joka on pimeyden ruhtinas, ja maailmasta, jota pimeyden ruhtinas halitsee. Ne ovat kiertäneet morsianta kuin kiljuvat jalopeurat nielläksensä hänet. Liha oli ketuille astinlauta morsiamen elämään. Mutta nyt, kun liha on kuolinpaareilla, ketuilla ei ole hänessä sijaa. Jeesus sanoi kärsimisensä edellä: *maailman ruhtinas tulee, ja minussa hänellä ei ole mitään. (Joh. 14:30)*

MORSIAN ON PUETTU HÄITÄ VARTEN

Ylkä Morsiamelle ja Jerusalemin tyttärille (Liite 2)

**3:9 Kuningas Salomo teki itsellensä
kantotuolin Libanonin puista.**

**3:10 Sen pilarit hän teki hopeasta,
sen istuimen kullasta,
sen istuintyynyt purppurasta;
sisältä sen koristeli rakkaus Jerusalemin tyttäriä varten.**

Saamme nyt ihailla Jerusalemin tyttärien kanssa hääasuista morsianta. Kuningas Salomo valmisti itse Hyvänä Paimenena morsiamesta kantotuolin itseänsä varten. "Kuningas Salomon kantotuoli" (*appiryōn,* אַפִּרְיוֹן) on puhdas uusi luomus. Sana *appiryōn* mainitaan Raamatussa ainoastaan tässä yhteydessä. Sanalla ei ole sanaperhettäkään taustalla. Sen arvellaan tulleen Egyptin suunnalta, sieltä, mistä Hän kutsui poikansa ja kansansa. Sieltä hän kutsui myös morsiamen, joka oli sidottu faraon vaunujen eteen. (1:9) Tämän kantotuolin ainutlaatuisen kauneuden Ylkä näki tulevassa morsiamessa jo kihlauksen yhteydessä: *katso, kaunis (yāfā) sinä olet, armaani. (1:15)* Ja jo sitä ennenkin — kun morsian alkoi etsiä todellista paimenta — Jeesus kutsui häntä "naisista kauneimmaksi" (*yā fā*). (1:8) *Yā fā* tarkoittaa yliluonnollista kauneutta ja taivaallista kirkkauden hohdetta.

Kihlauksen jälkeinen hauras lehtimaja (1:16) on nyt valmis Kuningas Salomon kantotuoli (*appiryōn*). Hyvä Paimen on rakentanut prosessien kautta morsiamen niistä rakennusaineista, hengellisistä lahjoista, jotka Jeesus lahjoitti tulevalle morsiamellensa jo uudestisyntymisen yhteydessä. (1:2,3) Hän lahjoitti tuolloin vanhurskauden -, uskon - ja rakkauden lahjat. Kihlauksen yhteydessä hän osoitti vielä tulevan temppelin rakennusvälineet: Jeesukseen kiinnitetyn katseen, Sanan (setri) ja rukouksen (kypressi). Näistä hengellisistä lahjoista ja rakennusmateriaaleista hän oli rakentava täydellisen morsiamen.

Kantotuolin seininä, runkorakenteina, hän on käyttänyt **setripuuta**, Jumalan Sanaa. Edellä Salomon kantotuolin (*mitta*) yhteydessä näimme, kuinka vahvasti Jumalan Sana on muotoutunut morsiamen hengellisen elämän perustaksi. Libanonin puista **kypressi** muodostaa puolestaan kattorakenteet. Katto edustaa Jumalan valtakuntaa ja rukousyhteyttä Yljän kanssa ylös tuoksuisille vuorille. Siellä Libanonin korkeudessa Ylkä odottaa morsianta. Siellä on morsiamen koti.

Nurkkapilarit antavat muodon ja hahmottavat kantotuolin sisätilan. Pilarit kannattelevat myös kattorakenteita. Usko suuntaa katseensa ylös taivaallisiin. Pilareiden hopea tarkoittaa sekin **uskoa**. Raamatussa hopea ja kulta pitävät yhtä. Pilareiden hopea tukeutuu istuimen kultaan, istuimen, joka on varattu Jeesukselle. *Appiryōn* on maskuliinisukuinen sana; Kuningas Salomon kantotuoli on näin Ylkänsä kuva ja hänen kaltaisensa.

Kulta viittaa taivaan hengelliseen elämään, **vanhurskauden lahjaan**. Kultainen valtaistuin edustaa kaikkein pyhimmän armoistuinta. Jumala puhui Moosekselle ilmestysmajan armoistuimelta. Armoistuimelta Mooses sai ohjeet kansan johtamista varten. Samoin Ylkä tulee aikanaan ohjaamaan morsiantansa kantotuolin kultaiselta istuimelta käsin. Kuningas Daavid, Salomon isä, kirjoittaa: *Minä opetan sinua ja osoitan sinulle tien, jota sinun tulee vaeltaa; minä neuvon sinua, minä johdatan sinua silmälläni.* (*Ps. 32:8 KJV*)

Purppuratyynyt on sijoitettu istujan ja kantotuolin kultaisen istuimen väliin. Näin istuja liittyy purppuraan. Miksi istuja ei siis istu välittömästi kultaiselle istuimelle? Minkä tähden hän nojautuu purppuraan eikä vanhurskauden kultaan?

Mikä on tässä purppuran merkitys?

Jeesuksen veri, jossa elämä on, on luonnollisesti osa purppuraa. Myös Jeesuksen veri vuoti jo silloin, kun sotilaat ruoskivat hänen ruumistansa. Mutta purppura tarkoittaa kuitenkin ensisijaisesti Jeesuksen ristiä. Sotilaat pukivat Jeesuksen kuninkaalliseen purppuraan ruoskinnan aluksi ja pilkan aiheeksi. *Ja he pukivat hänen yllensä purppuravaipan, väänsivät orjantappuroista kruunun ja panivat sen hänen päähänsä ja rupesivat tervehtimään häntä: "Terve, juutalaisten kuningas!" Ja he löivät häntä päähän ruovolla, sylkivät häntä ja laskeutuen polvilleen kumarsivat häntä. Ja kun he olivat häntä pilkanneet, riisuvat he häneltä purppuravaipan ja pukivat hänet hänen omiin vaateisiinsa. Ja he veivät hänet pois, ristiinnaulitakseen hänet.* (*Mark. 15:17-20*)

Ristin ja lihan kuoleman kautta vanhurskaus vapautuu morsiamelle elämän vanhurskaudeksi. Sekä purppuran että pellavan valmistusprosessit ovat yhtenevät Laulujen Laulun kuvaaman pyhitysprosessin kanssa. Istuimen purppuratyynyt käsien ja jalkojen alla, selkä- ja istuintyynyt, joihin istuja nojautuu, muistuttavat rististä. Purppura kertoo lihan kuolemanprosessista, kuolinpaareista (*mitta*). Kyseisen prosessin kautta Ylkä asettuu *appiryon*-kantotuolin armoistuimelle hengessä. Hengestä käsin Hyvä Paimen avaa morsiamen sielun silmät näkemään hengellisesti. Sisällä Jumalan valtakunnassa he nyt puhuvat, *ei inhimillisen viisauden opettamilla sanoilla, vaan Hengen opettamilla, selittäen hengelliset hengellisesti... hengellinen ihminen sitä vastoin tutkistelee kaiken, mutta häntä itseään ei kukaan kykene tutkistelemaan.* (*1. Kor. 2:13,15*)

Tälläinen merkitys ja välittäjän tehtävä on kätketty *appiryon*-kantotuolin purppuratyynyihin. Purppuratyynyt kertovat vanhurskauden lahjasta, lahjasta, joka edellyttää jatkuvaa kuolinprosessin tiedostamista, kuuliasta elämää Hyvän Paimenen seurassa. Ja eritoten täytyy muistaa, että kultainen istuin on varattu Jeesukselle.

On luonnollista ja selvää, että morsiamen keskustelu Yljän kanssa on tässä vaiheessa syvästi hengellistä. He puhuvat *viisautta täydellisten seurassa... sitä salattua Jumalan viisautta, jonka Jumala on edeltä määrännyt ennen maailmanaikoja meidän kirkkaudeksemme. (1. Kor. 2:6,7)*

Yljän ei kuitenkaan mainita istuvan kantotuolin kultaisella istuimella? Tyhjä valtaistuin tarkoitta näin ollen, että morsiamen matka jatkuu vielä ylös tuoksuisille vuorille, missä Ylkä odottaa häntä.

***Ahavā*-rakkaus** on Herran liekki. Rakkaus *(ahava)* on kaiverrettu kantotuolin sisäseiniin, sen rakenteisiin. Rakkaus kuuluu näin morsiamen perusolemukseen. Morsian on täynnä Pyhää Henkeä. *Jumalan rakkaus (agapē, ἀγάπη) on vuodatettu sydämiimme Pyhän Hengen kautta. (Room. 5:5)* Morsiamen rakkaus *(ahavā)* on varattu Jerusalemin tyttäriä varten, heitä varten, jotka ovat vastaanottamassa häntä erämaasta.

MUSTA MUTTA IHANA"-ONGELMAN RATKAISU

Laulujen Laulun alkujakeissa tuleva morsian tunnisti itsessään kohta uudestisyntymisensä jälkeen ongelman – *minä olen musta, mutta ihana. (1:5)* Hän kyseli hädissänsä "äitini pojilta", hengellisiltä johtajiltaan, ratkaisua kyseiseen ongelmaan. Mutta – heillä ei ollut vastausta. (1:6) Myöhemmin hän etsiytyi todellisen paimenen seuraan. Hyvä Paimen kehotti häntä hakeutumaan Hänen omien lampaittensa jäljille. Näillä olisi hänelle vastaus "musta mutta ihana"-ongelmaan. (1:7,8) Nyt erämaan jälkeen myös morsiamella itsellään on tieto ja tulikasteen vapauttama vastaus. Hän voi tästä johtuen omassta kokemuksestansa kertoa uusille kyseisen ongelman ratkaisun: "Ottakaa ristinne ja seuratkaa Hyvää Paimenta!" (kihlaus; 1:12-14)

Salomon kaksi kantotuolia ilmaisevat Jumalan aivoituksen mukaisen täydellisen ratkaisun.

Viimeistään tässä vaiheessa moni johtuu kyselemään, onko tällainen täydellisyys mahdollista. Opetetaanhan meille syystäkin, että olemme syvästi, olemuksemme juuria myöten, syntisiä. Ja kerrotaanhan meille aivan aiheesta, ettemme me ajassa eläessämme muuksi muutu.

Mutta – Hyvä Paimen on osoittanut meille morsiamen kautta tien ja ratkaisun.

Morsian on nousemassa nyt, erämaan jälkeen, kahtena kantotuolina Libanonille. Siellä Ylkä on odottanut morsiantansa jo pitkään. (2:8,17) Hermonin rinteillä Ylkä tuleekin sanomaan pian tämän jälkeen morsimelle, että *"kaikin olet kaunis, armaani, ei ole sinussa ainoatakaan virhettä." (4:7)*

Tässä yhteydessä meidän onkin syytä tarkistaa omalta kohdaltamme, mitä näkyä me itse kukin seuraamme. Sillä Habakukin mukaan näkymme (tässä hääasusta) toteutuu varmasti – juuri sellaisena kuin me sen näemme: oikea näky saa siunauksen, ja väärä vie varmasti harhaan. Paavalilla on meille sana tiestä: *olkoon siis meillä, niin monta kuin meitä on täydellistä, tämä mieli; ja jos teillä jossakin kohdassa on toinen mieli, niin Jumala on siinäkin teille ilmoittava, kuinka asia on.* **Kunhan vain,** *mihin saakka olemme ehtineetkin,* **vaellamme samaa tietä.** *(Fil. 3:15,16)*

Hengellinen näkökykymme avautuu ja täydentyy juuri tiellä Hyvän Paimenen seurassa. Morsian näkee siis enemmän kuin ne morsiussielut, jotka ovat vasta tien alussa. Hehän ovat vielä "musta mutta ihana"-ongelman sitomia. Eniten syntisyyttämme korostavat luonnollisesti he, jotka eivät tunne tietä lainkaan. Morsiamen uusi, ihana luomus on yhtä Kristuksen Jeesuksen kanssa; *että he kaikki olisivat yhtä, niin kuin sinä, Isä, olet minussa, ja minä sinussa, että hekin meissä olisivat.* (Joh. 17:21) Tämän tähden Ylkä saattaa sanoa morsiamestansa, että tämän hääasu on virheetön. Ylkä puhuu *appiryon*-kantotuolista.

Morsiamen käymä tie on kuuliaisuuden tie Hyvän Paimenen ohjauksessa. Tässä yhteydessä on luonnillistakin kysyä täydellisestä synnittömyydestä. Voimme jotenkin ymmärtää morsiamen täydellisyyden, jos nimeämme sen ehdolliseksi täydellisyydeksi, mikä edellyttää kuuliaisuutta ja rakentuu kuuliaisuuden varaan. Samoin Jeesuskin teki työnsä kuuliaisuudessa, vaikka oli synnitön. Eihän tarvitse muuta, kuin kääntää katse pois Hyvästä Paimenenesta omaan itseensä tai maailmaan, niin vanha minä, musta luomus, herää kuolinpaareillaan. Asemamme *appiryon*-kantotuolina purppuratyynyineen on täydellinen Kristuksessa Jeesuksessa. *Hän, vaikka oli Poika, oppi siitä, mitä hän kärsi, kuuliaisuuden, ja kun oli täydelliseksi tullut, tuli hän iankaikkisen autuuden aikaansaajaksi kaikille, jotka ovat hänelle kuuliaiset.* (Hepr. 5:8,9)

Kuuliaisuudesta ja purppuran osallisuudesta kirjoittaa myös Johannes: *Ei yksikään Jumalasta syntynyt tee syntiä, sillä Jumalan siemen pysyy hänessä; eikä hän saata syntiä tehdä, sillä hän on Jumalasta syntynyt.* (1. Joh. 3:9)

JUMALAN SUUNNITELMA ON TÄYTTYNYT MORSIAMESSA

Jumalan ikiaikainen suunnitelma käynnistyi syntiinlankeemuksessa (1. Moos. 3:4-6). Lankeemuksen jälkeen Herra Jumala (Jahve Elohim) toteaa:

*Katso, ihminen on tullut sellaiseksi kuin joku meistä, niin **että hän tietää hyvän ja pahan**. Kun ei hän nyt vain ojentaisi*

kättänsä ja ottaisi myös elämän puusta ja söisi ja eläisi ian-
kaikkisesti. (1. Moos. 3:22)

Ja näin Herra Jumala sulki tien elämän puulle. Ihminen oli aiheutta-
nut valinnallaan **"hyvän ja pahan"**-ongelman – Jumalan suunnitelman
mukaan. Myöhemmin Mooses kirjasi vielä lakiin merkinnän hyvästä ja
pahasta.

*Katso, minä panen tänä päivänä sinun eteesi **elämän ja hy-***
***vän, kuoleman ja pahan**... Minä otan tänä päivänä taivaan ja*
maan todistajiksi teitä vastaan, että minä olen pannut sinun
*eteesi **elämän ja kuoleman, siunauksen ja kirouksen**. Niin*
***valitse siis elämä**, että sinä ja sinun jälkeläisesi eläisitte. (5.*
Moos. 30:15,19)

Aikojen kuluttua Herra Jumala valmisti ihmiselle pääsyn takaisin
elämän puun yhteyteen.

Kun sinä palajat Herran, sinun Jumalasi, tykö kaikesta sydä-
mestäsi ja kaikesta sielustasi. Sillä tämä käsky, jonka minä si-
nulle tänä päivänä annan, ei ole sinulle vaikea täyttää eikä lii-
an kaukana. (5. Moos. 30:10,11)

Sitä varten Jesaja profetoi kansalle Immanuel merkistä:

Herra itse antaa teille merkin: Katso, neitsyt tulee raskaaksi ja
synnyttää pojan ja antaa hänelle nimen Immanuel (Jumala
*kanssamme) Voita ja hunajaa hän syö tietääkseen **hyljätä***
***pahan ja valita hyvän** (KJV); sillä ennen kuin poika on op-*
*pinut hylkäämään pahan ja valitsemaan hyvän, **tulee autioksi***
***maa** (adama), jonka kahta kuningasta sinä kauhistut. (Jes.*
7:14-16)

Jesajan mukaan Immanuel tulee ratkaisemaan hyvän ja pahan välisen ongelman. Hänen valmistamansa ratkaisu ei tule olemaan meille vaikea täyttää, niin kuin Mooses edellä kirjoittaa.

Seitsemänsataa vuotta myöhemmin Herra Jumala (Jahve Elohim) itse tuli valmistamaan ratkaisun "hyvän ja elämän, pahan ja kuoleman"-ongelmaan. Jeesus Kristus on Jahve.

Kasteessa Jeesus sitoutui **täyttämään kaiken vanhurskauden**. (Matt. 3:15)

Kaiken vanhurskauden täyttäminen tapahtui Golgatan uhrityössä. Hänen uhrinsa merkitsee meille mahdollisuutta ratkaista omalla kohdalla "hyvän ja pahan"-ongelma.

> *Isä, hetki on tullut, kirkasta Poikasi, että Poikasi kirkastaisi sinut; koska sinä olet antanut hänen valtaansa kaiken lihan (hepr. adama), että hän antaisi iankaikkisen elämän kaikille, jotka sinä olet hänelle antanut. Mutta tämä on iankaikkinen elämä (elämän puu), että he tuntevat sinut, joka yksin olet totinen Jumala, ja hänet, jonka sinä olet lähettänyt, Jeesuksen Kristuksen. Minä olen kirkastanut sinut maan päällä; minä olen täyttänyt sen työn, jonka sinä annoit minun tehtäväkseni. (Joh. 17:1-4)*

> *Sen jälkeen, kun Jeesus jo tiesi, että kaikki **oli täytetty**, sanoi hän, että kirjoitus kävisi toteen: "Minun on jano."... Kun nyt Jeesus oli ottanut hapanviinin, sanoi hän: "**Se on täytetty.**", ja kallisti päänsä ja antoi henkensä. (Joh, 19:28,30)*

Jeesus Kristus täytti Golgatalla aiemmin antamansa Immanuel-merkin lupauksen. Voita ja hunajaa (vahvaa ruokaa) syömällä Hän – Iankaikkinen Sana – valmistautui ratkaisemaan "hyvän ja pahan"-

ongelman: veri (iankaikkinen elämä, elämän puu) ja risti (lihan kuolema, autio maa). Morsiussieluillensa Jeesus sanoo: *"Totisesti, totisesti minä sanon teille: ellette syö Ihmisen Pojan lihaa ja juo hänen vertansa, ei teillä ole elämää itsessänne (voita ja hunajaa). Joka syö minun lihani ja juo minun vereni, sillä on iankaikkinen elämä (elämän puu)."* (Joh. 6:53,54) Jeesuksen tunteminen merkitsee meille voita ja hunajaa. Hän itse on vahva ravintomme, joka tekee mahdolliseksi "hyvän ja pahan"-ongelman ratkaisun – "eikä se ratkaisu ole meistä kaukana".

Laulujen Laulun morsian tunnisti itsessään jo ensirakkaudesta alkaen "hyvän ja pahan"; minä olen "musta mutta ihana". (1:5) Hän tiedosti Jumalan suunnitelman ja sanoi: "Mistä minä löydän sinut, jota minun sieluni rakastaa?" (1:7)

Olemme seuranneet morsiamen käymää tietä maan (*adama*; liha) autioittamiseksi. Lilja- ja morsiusprosessit ovat murtaneet hänessä kahden kauhistuttavan kuninkaan (lihan ja saatanan) vallan. Ongelman ratkaisu kuvataan meille kahtena kantotuolina: Salomon kantotuolina (lihan kuolemana) ja Kuningas Salomon kantotuolina (uutena luomuksena). *Siis, jos joku on Kristuksessa, niin hän on uusi luomus; se, mikä on vanhaa, on kadonnut, katso, uusi on sijaan tullut... Ja ne, jotka ovat Kristuksen Jeesuksen omat, ovat ristiinnaulinneet lihansa himoineen ja haluineen. Jos me Hengessä elämme, niin myös Hengessä vaeltakaamme. (2. Kor. 5:17; Gal. 5:24,25)*

Moni morsiussielu tuskailee uskovan elämäänsä tässä maailmassa, joka on pahan vallassa. Näin on kuitenkin Jumala säätänyt alusta alkaen. Ylkä kutsuu morsiamensa ulos maailmasta ja valmistaa rakkaansa kahden valtakunnan ristiaallokossa; on olemassa Jumalan valtakunta (Piison-virta) ja saatanan valtakunta (Giihon-virta). Tämän ihmisen elämän tulevan viitekehyksen Jumala ilmaisi jo paratiisissa paratiisin virtojen kautta. Tällöin ei vaimoa ollut vielä valmistettukaan. Näiden kahden valtakunnan taistelukentässä morsiussielut valitsevat hyvän ja hylkäävät pahan. Valinta tapahtuu ajassa iankaikkisuutta varten. *Rakkaani, älkää oudoksuko sitä hellettä, jossa olette ja joka on teille koetukseksi, ikään kuin teille tapahtuisi jotakin outoa, vaan iloitkaa, sitä myöten kuin olette osallisia Kristuksen kärsimyksistä, että te myös hänen kirkkautensa ilmestymisessä saisitte iloita ja riemuita. (1. Piet. 4:12,13)*

Laulujen Laulun prosessien kautta Hyvä Paimen on nyt pukenut morsiamen häävaatteisiin Jumalan ikiaikaisen suunnitelman mukaan. Karitsan häät ovat lähellä – hyvin lähellä. Morsiussielut ottavat ajasta vaarin. *Iloitkaamme ja riemuitkaamme ja antakaamme kunnia hänelle, sillä Karitsan häät ovat tulleet, ja hänen vaimonsa, morsiamensa, on itsensä valmistanut. Ja hänen annettiin pukeutua liinavaatteeseen, hohtavaan ja puhtaaseen: se pellavaliina on pyhien vanhurskautus. Ja hän sanoi minulle: "Kirjoita: Autuaat ne, jotka ovat kutsutut Karitsan hääaterialle!" (Ilm. 19:7-9)*

3.8 Morsian kutsuu morsiusneidot hää- juhlaan

Morsian Jerusalemin tyttärille (Liite 2)
3:11 Tulkaa ulos, Siionin tyttäret,
ja katsokaa kuningas Salomoa kruunussaan, jolla
hänen äitinsä hänet kruunasi hänen hääpäivänänsä,
hänen sydämensä ilonpäivänä.

Mitä Ylkä on puhunut kantotuolista, on vain morsiamen ymmärret-
tävissä. Jerusalemin tyttäret – ilman erämaan ja tulen kohtaamista –
eivät voi vielä sivusta nähden ymmärtää morsianta. He eivät myöskään
kykene kuulemaan eivätkä käsittämään, mitä morsiamelle on tapahtu-
nut. Niinpä morsian esittää heille hääkutsun. Morsian pyytää heidät
morsiusneidoiksensa. Tämä hääkutsu tarkoittaa Jerusalemin tyttärille
samalla kutsua morsiusprosessiin; *nouse, armaani, sinä kaunoiseni, ja
tule. (2:10).* Ja saman tien morsian antaa heille jo ohjeita hääjuhlaan
pukeutumista varten. Hän kehottaa heitä kiinnittämään katseensa Jee-
sukseen, Ylkään. Morsian muistuttaa Jerusalemin tyttäriä näyn merki-
tyksestä ja kyyhkysen silmistä. Vaikka onhan Ylkä sanonut kullekin
heistä: *"Katso, kaunis sinä olet, armaani, katso, kaunis sinä olet, silmäsi
ovat kyyhkysen silmät." (1:15)*
Tämän hän puhuu Jerusalemin tyttärille seinien ja ristikoiden taakse.
He ovat voipuneina liljaprosessinsa päätösvaiheessa. Heidän hengelli-
nen tilansa on morsiamelle hyvinkin tuttu. Hän muistaa hyvin sen het-
ken, jolloin Ylkä seisoi hänen seiniensä takana ja tervehti häntä ristikoi-
den taakse. (2:9) Jerusalemin tyttäret ovat tulleet tuntemaan oman
lihansa täydellisen kelvottomuuden. Morsian tietää, että talven viimat ja
koleat sateet ovat heillä hengellisen elämän rasitteena. Morsian ymmär-

tää, että he eivät voi eivätkä rohkene tehdä enää omia aloitteita. Kaikki on pysähtynyt.

Jeesuksen vertauksessa kymmenestä neitsyestä viisaat neitsyet nukahtivat tässä vaiheessa, nukahtivat erämaan hiljaisuudessa talviuneen. Mutta Jerusalemin tyttäret odottavat nyt ristikoidensa takana ja kallion koloihin kätkeytyneinä Yljän saapumista. Heillä on öljy astioissaan.

Morsian huutaa Jerusalemin tyttärille ristikoiden taakse: "Tulkaa ulos, Siionin tyttäret!" Hän huutaa heille, koska hänen – Kuningas Salomon kantotuolin – sisäinen rakkautensa on juuri Jerusalemin tyttäriä varten. Hän kutsuu heitä Siionin tyttäriksi? Siion tarkoittaa kuivaa paikkaa ja rauniota. Jerusalemin tyttärien hengellinen elämä on tilanteesta johtuen parhaillaan raunioina. He ovat Siionin tyttäriä. Mutta morsiamen hääkutsu herättää heidät. Öljy alkaa virrata heidän astioistansa lamppuihin, hengestä mielen tajuntaan. Kaksi leiviskää saaneet tavoittelevat neljää ja lähestyvän morsiusprosessinsa kautta viidettä.

Morsian jatkaa kehotustaan ristikoiden taakse: "Kohottakaa katseenne! Ylkä on tulossa. Ettekö sitä kuule? Ettekö näe häntä kukkuloilla, vuorilla, missä Ylkä on pitkään kierrellyt? Häät alkavat pian."

HÄÄJUHLALLISUUDET ALKAVAT

Morsian on puettu erämaassa täydelliseen hääasuun – puhtaaseen, kirkkautta hohtavaan pellavaan. *Iloitkaamme ja riemuitkaamme ja antakaamme kunnia hänelle, sillä Karitsan häät ovat tulleet, ja hänen vaimonsa, morsiamensa on itsensä valmistanut. Ja hänen annettiin pukeutua aivinapellavaan – hohtavaan ja puhtaaseen.* (*Ilm. 19:7,8*)

Morsian ymmärtää, että hääjuhlallisuudet alkavat erämaan jälkeen välittömästi.

"Siionin tyttäret, katsokaa Salomoa, Ylkää, katsokaa hänen kruunuaan, jolla hänet on kruunattu tänä hetkenä. **Nyt on hänen hääpäivänsä, Nyt on hänen sydämensä ilonpäivä.**"

Tätä päivää Jeesus on todellakin odottanut siitä alkaen, jolloin morsian alkoi etsiä häntä, jota hänen sielunsa rakasti. (1:7) Hääjuhlaa ennakoi kruunu, jolla Ylkä, Jeesus Kristus, on kruunattu. Mikä on tämä kruunu hääjuhlaa varten? Mikä on hänen ilonaiheensa nyt, kun hääjuhlallisuudet ovat alkamassa? Hän iloitsee morsiamestansa, joka on tullut erämaasta tuoksuten mirhalta ja suitsukkeelta. Tulen puhdistama morsian on pukeutunut ensirakkauden vanhurskauteen. Erämaassa *hänen annettiin pukeutua aivinapellavaan – hohtavaan ja puhtaaseen: ja se aivinapellava on pyhien vanhurskaus. (Ilm. 19:8)*

Ja tämä pyhien vanhurskaus on se lahjavanhurskaus, joka merkitsee uutta ja ihanaa luomusta uudestisyntymisen lahjana; *ne, jotka ovat Kristuksen Jeesuksen omat (morsian), ovat ristiinnaulinneet lihansa himoineen ja haluineen. (Gal. 5:24)*

Tästä hääasusta myös Jesaja kirjoittaa: *"Kansat näkevät sinun vanhurskautesi, kaikki kuninkaat sinun kunniasi; ja sinulle annetaan uusi nimi, jonka Herran suu säätää. Ja sinä tulet kauniiksi kruunuksi Herran kädessä." (Jes. 62:2,3)* Morsian hääasussaan on se kruunu, jolla hänen äitinsä on Yljän kruunannut. *Kun morsian löysi hänet, jota hänen sielunsa rakasti, hän tarrautui häneen eikä hellittänyt hänestä, ennen kuin oli saattanut hänet äitinsä taloon, kantajansa kammioon. (3:4)* Myös Salomo itse kirjoittaa morsiamestaan: *"Kelpo vaimo on puolisonsa kruunu." (Sananl. 12:4)*

Samoin Ester valmistettiin morsiamen lailla kuningasta varten: kuusi kuukautta mirhahoitoa ja kuusi kuukautta balsamihoitoa. (Est. 2:12) Kun Ester sitten meni kuninkaan luo, hän ei ottanut mukaansa mitään omaa. Kuningas mieltyi häneen. *Kuningas pani kunungkaallisen kruunun hänen päähänsä ja teki Esterin kuningattareksi Vastin sijaan. Ja kuningas laittoi suuret pidot kaikille ruhtinailleen ja palvelijoilleen Esterin kunniaksi. (Est. 2;17,18)*

Häiden läheisyys ja häävalmistelut tempaavat nyt morsiamen mukaansa. Suuret pidot odottava morsianta tänä Yljän ilonpäivänä. Morsian tähyilee ylös kukkuloille ja vuorille, jossa Ylkä odottaa häntä. (2:8,17)

Sen tähden, rakkaat ja ikävöidyt veljeni, te minun iloni ja kruununi, seisokaa näin Herrassa lujina, rakkaani! (Fil. 4:1)

Luku 4.

HÄÄASUISEN MORSIAMEN YLISTYS

4.1 KYPRESSI – YHTEYS YLKÄÄN

Ylkä morsiamelle (Liite 2)
4:1 Katso, kaunis sinä olet, armaani;
katso, kaunis sinä olet, silmäsi ovat kyyhkyläiset;
huntusi takana sinun hiuksesi ovat kuin vuohilauma,
joka laskeutuu Gileadin vuorelta.

Hääasuun puettu morsian on astunut toisen temppelinsä kaikkein pyhimpään. Hän kulki läpi esiripun, erämaan tuliverhon. Neljäs luku muodostaa kolmannen temppelin (Liite 1). Kihlattu morsian on käynyt samalla viidennestä portista kolmannen temppelinsä esipihaan. (3:6) Hänen hengellinen tilansa ja asemansa on vakaa. Lihan, syntiruumiin, valta on murrettu Kristuksessa.

Morsiamen lamppu palaa Yljälle. Profeetta Sakarja kertoo, kuinka morsiamen astiaan ja lamppuun on yhdistetty jatkuva öljyvirta. Vertauksessa kymmenestä neitsyestä öljy tarkoittaa Pyhää Henkeä. Morsian elää jatkuvassa Pyhän Hengen täyteydessä. Sakarja kirjoittaa:

Minä näen, katso: **lampunjalka,** *kokonansa kultaa, ja sen yläpuolella sen* **öljyastia,** *ja lampunjalassa sen seitsemän* **lamppua,** *ja seitsemän* **öljyputkea** *lamppuihin, jotka ovat siinä ylimpänä. Ja* **kaksi öljypuuta** *sen ääressä, toinen öljyastian oikealla, toinen vasemmalla puolella... Mitkä ovat nuo kaksi öljypuun terttua kahden kultaisen putken kohdalla, jot-*

*ka vuodattavat sisästänsä öljynkultaa?... Hän sanoi: "Nämä ovat ne **molemmat öljyllä voidellut**, jotka seisovat kaiken maan Herran edessä." (Sak. 4:2,3,12,14)*

Ja keitä ovat nämä öljyllä voidellut, **jotka seisovat kaiken maan Herran edessä?**

Öljyn lähteet ovat Serubbaabel (Baabelin jälkeläinen) ja Joosua (*Jeshua*; Jahve pelastaa). Serubbaabel on kuningas. Hän on Daavidin jälkeläinen, Daavidin, jolle Jumala lupasi ikuisen kuninkuuden. Serubbabel on Baabelin jälkeläinen; *Egyptistä minä kutsun poikani. (Matt. 2:15).* Serubbaabel kertoo Ihmisen Pojasta, jolla on ikuinen kuninkuus. *Sinä teit hänet vähäksi aikaa enkeleitä halvemmaksi, kirkkaudella ja kunnialla sinä hänet seppelöitsit, ja sinä panit hänet hallitsemaan kättesi tekoja; asetit kaikki hänen jalkainsa alle. (Hepr. 2:7,8)* Joosua – *Jeshua* – taas on *ylimmäinen pappi Melkisedekin järjestyksen mukaan (Hepr. 7:17).*

Profeetta Sakarja (Herra on muistanut) on temppelin rakentaja yhdessä Serubbaabelin ja Joosuan kanssa, heidän, jotka seisovat kaiken maan Herran edessä.

Kihlattu morsian on saapunut temppelinsä kaikkein pyhimpään. (Liite 1) Hän kohtaa pian Ylkänsä kuninkaana ja ylimmäisenä pappina. (4:8-14) Hän tulee silloin tunnistamaan molemmat öljypuut, jotka vuodattavat sisästään öljynkultaa hänen lamppuunsa.

Morsian elää nyt tulikasteen puhdistamana täynnä Pyhää Henkeä. Kun Jeesus palasi erämaasta, Hänkin oli täynnä Pyhää Henkeä. Samoin sanotaan Barnabaasta ja Paavalista, että he olivat täynnä Pyhää Henkeä ja uskoa.

Ja Herra johdattaa sinua alati ja ravitsee sinun sielusi kuivissa erämaissa; hän vahvistaa sinun luusi, ja sinä olet oleva niin kuin runsaasti kasteltu puutarha, niin kuin lähde, josta vesi ei koskaan puutu. (Jes. 58:11)

Ylkä morsiamelle
4:1a Katso, kaunis sinä olet, armaani,
katso, kaunis sinä olet,
silmäsi ovat kyyhkyläiset.

Ylkä ylistää morsiamensa kauneutta. Jeesus esittelee nyt Kuningas Salomon kantotuolin (*appiryōn*) ominaisuuksia. Morsian on löytänyt uutena luomuksena identiteettinsä siinä määrin, että he, Ylkä ja morsian, ovat yhtä. Omenapuun hedelmä on Jeesuksen Kristuksen tuntemisen kautta suloinen. (2:3b) Ylkä tarkastelee seuraavissa jakeissa morsiusasun keskeisiä osa-alueita.

Niin kuin kihlauksen yhteydessä (1:15) ja morsiusprosessin alkaessa (2:14), niin nytkin, **katse tulee tarkasteluun ensimmäisenä**. Ylkä toistaa sanansa kihlauksen jälkeen. (2:15) Jeesus Kristus korostaa edelleen katseen ensisijaista merkitystä; kirjoitettu ja tarkasti piirretty näky on toteutunut morsiamen elämässä. Hänen hengellinen näkökykynsä saa kiitoksen. Hänhän elää kaksoispeilin kautta Kristuksessa ja ammentaa Hänen yltäkylläisyydestänsä.

Septuagintan mukaan huntu, joka alussa hämärsi silmien ja mielen näkökykyä, on nyt lopullisesti poistettu; *nyt on sinun huntusi poistettu.* Sanoihan Ylkäkin morsiamelle, kun hän esitteli tälle kaksoispeilin: *"Anna minun nähdä kasvosi, anna minun kuulla äänesi,"* (2:14) Ennen kihlausta tuleva morsian oli huolissaan, ettei hän joutuisi Jeesuksen tovereiden laumoihin. Hän ymmärsi, kuinka lihan musta verho esti häntä näkemästä selkeästi – näkemästä hengellisesti. Nyt hänen silmänsä ovat kirkkaat ja mielensä selkeä. Morsian ymmärtää hengelliset hengellisesti. Erämaan jälkeen lihan peite on otettu pois, ja hengelliset silmät ovat vapaat näkemään. *Hengellinen ihminen tutkistelee kaiken, mutta häntä itseään ei kukaan kykene tutkistelemaan. (1. Kor. 2:15)*

Ylkä morsiamelle (Liite 2)
4:1b Huntusi takana sinun hiuksesi
    ovat kuin vuohilauma,
    joka laskeutuu Gileadin vuorelta.

Alkukielen mukaan hiukset laskeutuvat Gileadin vuorelta (yks.). Vuori Gileadissa (vahva, väkevä) tarkoittaa Jeesusta Kristusta. Siksi vuori on yksikössä. Hänessä morsian on löytänyt identiteettinsä.

Hiukset merkitsevät Raamatussa yhteyttä Jeesukseen, pyhyyttä ja Hengen voimaa; *Jumala asuu korkeudessa ja pyhyydessä.* Nasiirit luovuttivat koko elämänsä Herralle. Niinpä morsiankin on Herran nasiiri, hänen omansa. Nasiirit eivät leikkauttaneet hiuksiansa nasiiriaikana, sillä risti vaikuttaa hiuksissa. Kasvavat hiukset viittaavat hengelliseen kasvuprosessiin: nasiirin yhteys Herraan syvenee, pyhyys kirkastuu ja hengellinen voima vahvistuu. Tunnetuin nasiiri oli Simson. Nimen Simson radikaalit kertovat kalan eli morsiussielun yhteydestä aurinkoon – morsiamen liitosta Ylkään.

Edellä (4:1a) todettiin, että huntu on otettu pois morsiamen silmiltä. Mikä on nyt tämä huntu, johon Ylkä viittaa? Jeesus puhuu hiusten ja *appiryōn*-kantotuolin valoverhosta. Kuningas Daavid (mahdollisesti juuri hän) kirjoittaa Herransa vaatetuksesta:

Herra (Jahve, Kristus), minun Jumalani, sinä olet ylen suuri; valkeus ja kirkkaus on sinun pukusi. Sinä verhoudut valoon niin kuin viittaan. (Ps. 104:1,2)

Myös kiinankielen valoa tarkoittava merkki kertoo, että ensimmäinen ihminen säteilee. Ja morsian on Ylkänsä kuva ja hänen kaltaisensa.

Appiryōn ja valoverho kätkevät sisäänsä Kristuksen hengellisen aarteiston. Morsianta ei kukaan kykene tutkistelemaan. Mutta hän havainnoi valoverhon kautta ulos ja tutkistelee kaiken ulkopuolisen. Hän näkee hengellisesti ja ymmärtää Kristuksen salaisuuden. Morsian katselee kaikkein pyhimmässä sisältä "Jumalan valtakunnasta" käsin. Hän tunnistaa sen kirkkauden, pyhyyden ja rakkauden.

Hiusten salaisuus on siis kätketty hunnun peittoon. Vain taidolliset näkevät morsiamen hiukset ikään kuin Gileadin vuorelta laskeutuvana vuohilaumana. Vuohi on puhdas uhrieläin. Vuohi ja hiukset muistuttavat, että morsian on antanut oman elämänsä uhriksi polttouhrialttarilla. (2:3)

Pään peittäminen hiuksilla, hunnulla, merkitsee Jumalan säätämän auktoriteetti- ja alamaisuusjärjestyksen hyväksymistä. *Vaimon (srk) tulee pitää päässään vallanalaisuuden merkki (risti) enkelien tähden... jos vaimolla on pitkät hiukset (risti), se on hänelle kunniaksi. Sillä ovathan hiukset annetut hänelle hunnuksi (risti). (1. Kor. 11:10,15)* Jumalan kunnia laskeutuu alamaisuuden ja nöyryyden kautta.

Paavali kirjoittaa korinttolaisille samassa yhteydessä varsin perusteellisesti pään peittämisestä. *Jokainen mies, joka rukoilee ja profetoi pää (Jeesus) peitettynä, häpäisee päänsä (Kristuksen). Mutta jokainen vaimo (srk), joka rukoilee ja profetoi pää (oma pää, liha) peittämättömänä, häpäisee päänsä (Kristuksen), sillä se olisi aivan sama, kuin jos hänen päänsä olisi paljaaksi ajeltu (ilman ristiä). (1. Kor. 11:4,5)* Morsian seurakuntana tarkoittaa sekä miestä että vaimoa. Ristin kautta morsian on astunut Kristus-yhteyteen – sen pyhyyteen ja Hengen voimaan. Jumala asuu vuorella: sen korkeudessa ja pyhyydessä.

4.2. SETRI – YHTEYS SANAAN

Ylkä morsiamelle (Liite 2)

4:2 Sinun hampaasi ovat kuin lauma kerittyjä lampaita,
pesosta nousseita,
ne ovat kaikki kaksosia
ei yhtään paritonta.

4:3 Kuin punainen nauha ovat sinun huulesi,
ja suusi on suloinen;
kuin granaattiomena, kypsyyttään halkeileva,
on sinun ohimosi huntusi takana.

Nämä kaksi jaetta kertovat morsiamen suhteesta Jumalan Sanaan.

Alussa oli Sana, ja Sana oli Jumalan tykönä, ja Sana oli Jumala… Ja Sana tuli lihaksi ja asui meidän keskellämme. (Joh. 1:1,14)

Jeesus on tämä lihaksi tullut Sana. Hänen tunteminen ja häneen tutustuminen tapahtuu Raamatun ilmoituksen kautta. Se, joka tuntee elävän Sanan, hän tuntee elävän Jeesuksen Kristuksen.

Kun Jeesus kutsui Hesekielin profeetan tehtävään, hän antoi hänelle kirjakäärön syötäväksi.

Hän sanoi minulle: "Ihmislapsi, syö, minkä tässä saat; syö tämä kirjakäärö, mene ja puhu Israelin heimolle." Niin minä avasin suuni, ja hän antoi tämän kirjakäärön minun syödäkseni. Ja hän sanoi minulle: "Ihmislapsi, ravitse vatsasi ja täytä sisälmyksesi tällä kirjakääröllä, jonka minä sinulle annan."

*Niin minä söin, ja se oli minun suussani makea kuin hunaja. (
Hes. 3:1-3)*

Sanan syöminen tapahtuu tutkimalla ja rukoillen mietiskelemällä
Raamatun Sanaa. Kaanan häissä Jeesus käski palvelijoita täyttämään
saviastiat vedellä. Ja palvelijat täyttivät astiat vedellä ääriään myöten.
*Kristus rakasti seurakuntaa ja antoi itsensä alttiiksi sen edestä, että hän
sen pyhittäisi, puhdistaen sen, vedellä pesten, sanan kautta (Ef. 5:25,26
)* Hän itse asiassa kehottaa morsiussielujansa täyttämään itsensä Juma-
lan Sanalla, jonka Edeskäypä, Pyhä Henki, muuttaa viiniksi eli huna-
janmakuiseksi Jumalan eläväksi Sanaksi.

*Ja te ette ole kenenkään opetuksen tarpeessa; vaan niin kuin
hänen voitelunsa opettaa teitä kaikessa, niin se opetus on
myös totta eikä ole valhetta; ja niin kuin se on opettanut tei-
tä, niin pysykää hänessä. (1. Joh. 2:27)*

Sanan käsittelyyn osallistuvat: hampaat, ohimo, suu ja huulet. Morsi-
an on muuttunut prosessien kautta sanan kuluttajasta Sanan tuottajaksi.
Jumalan elävä Sana on uutta luova Sana hänen suussaan ja sydämes-
sään.

Ylkä morsiamelle
**4:2a Sinun hampaasi ovat kuin lauma
kerittyjä lampaita, pesosta nousseita.**

*Niin, te olette minun lampaani, minun laitumeni lampaat, te
ihmiset, minä olen teidän Jumalanne. (Hes. 34:31)*

On paimen ja hänellä on oma lammaslaumansa. Ja lampaat kuulevat oman paimenensa äänen. Jeesus on Hyvä Paimen. Hänen äänensä kuuluu Jumalan Sanassa.

Morsiamen hampaat ovat pesosta nousseet. Sillä morsian itse on käynyt kasteen haudan kautta uuden luomuksen ylösnousemiseen. Hänen itsensä peso pitää siis yhtä hampaiden puhtauden kanssa. Morsiamen hengellinen asema heijastuu hänen tavassaan käsitellä ja ymmärtää Jumalan Sanaa, hengellistä ravintoa. Hän lähestyy Sanaa puhdistetuin hampain, puhtain vaikuttein.

Se, että hampaat ovat pesosta nousseet, merkitsee, että itse lampaat ovat nekin käyneet peson läpi. Lampaat on keritty omista itsekkyyden villoista vapaiksi. Hampaidenkin liha on ristiinnaulittu. Se näkyy tavassa lähestyä Sanaa lukien ja tutkien vapaana kaikista olettamuksista ja ennakkokäsityksistä. Puhtaiden ja vapaiden hampaiden pureskelema Sana alkaa elää hengellisesti. Hengellinen ravinto ravitsee hengen ja sielun. Morsian lähestyy Sanaa hengellisesti Hyvän Paimenen voitelussa. Pyhä Henki opettaa hänet kaikkeen totuuteen ja avaa tiedon ja viisauden aarteet.

Hyvillä ruokamailla minä lampaitani kaitsen, ja Israelin korkeilla vuorilla on niillä oleva laitumensa. Siellä ne saavat levätä hyvällä laitumella, ja lihava ruokamaa on niillä oleva Israelin vuorilla. (Hes. 34:14).

Ylkä morsiamelle
4:2b Sinun hampaasi ovat kaikki kaksosia,
   ei yhtään paritonta.

Ihmisen ja lampaan hampaat on luotu tehokasta pureskelua varten. Täydellisessä hampaistossa hampaat sijoittuvat vastinpareiksi. Pariton hammas on tehoton hammas. Morsiamen hampaistossa ei ole enää parittomia hampaita. Sanaa pureskellessa ja hengellisen kasvun edetessä hampaat etsiytyvät vastinpareiksi kuin sarjaksi myllynkiviä. Maitohampaat vaihtuvat juurellisiksi hampaiksi, jotka mahdollistavat voimakkaankin pureskelun.

Lammas on märehtivä eläin. Se syö ensin sopivan ruohoannoksen. Sen jälkeen lammas vetäytyy rauhalliseen soppeen, jossa se aloittaa syödyn ravinnon varsinaisen pureskelun. Hyvin pureskeltu ruoka valmistuu ruuansulatuskanavassa entsyymien vaikutuksesta ruumiin ravinnoksi. Entsyymit muuttavat suolen ravintoliuoksen solujen rakennusaineeksi.

Siellä, sydämen kammion hiljaisuudessa, myös morsian aloittaa syödyn ravinnon pureskelun so. Jumalan sanan mietiskelyn. Pyhän Hengen voitelu tarkoittaa Sanan mietiskelyä, pureskelua, jolloin Pyhä Henki entsyymeinä muuttaa kirjoitetun sanan eläväksi Sanaksi. Rintalapsi nauttii sanan väärentämätöntä maitoa. Samoin entsyymien kanssa pureskeltu Sana muuttuu väärentämättömäksi, aidoksi ravinnoksi.

Ylkä morsiamelle
**4:3c Kuin granaattiomena, kypsyyttään halkeileva,
on sinun ohimosi huntusi takana.**

Granaattiomena ilmaisee Raamatussa runsasta siunausta. Sitä pidetään myös hedelmällisyyden vertauskuvana. Suuressa hedelmässä saattaakin olla lähes tuhat kookasta siementä pakattuina taitavasti pieneen tilaan. Granaattiomena muistuttaa aivojen rakennetta. Laulujen Laulussa se edustaa ihmisen mieltä: sen ajatuksia, aivoituksia ja ratkaisuja. Ohimo on hampaiden työpari. Yhdessä hampaiden kanssa kirjoitettu sana muuttuu pureskeltuna ohimossa eläväksi Sanaksi.

Pyhän Hengen opettava voitelu tapahtuu ohimosta käsin. Ohimossa syntyvät Sanaa koskevat näyt, ja siellä tapahtuu ilmestyksen kaltainen Sanan käsittäminen. Ohimon kautta elävä Sana virtaa sydämen kammioihin, Kuninkaan varastohuoneisiin. Sydämestä on löydetty aivokudoksen kaltaista solukkoa. Sanan lopullinen sulatus ravinnoksi tapahtuu suolistossa eli ihmisen hengessä. Myös suolistossa on todettu olevan aivokudoksen kaltaista solukkoa. Raamatun mukaan ihminen ajattelee myös hengessään: sydämen kammioissa ja suoliston entsyymeissä. Ihmisen henki sijaitsee kehossa: sydämessä ja suolistossa.

Kaikki tapahtuu salassa. Hiusten huntu kätkee morsiamen ajatusten ja näkyjen suman ohimoon. Siunausten virta Pyhän Hengen voitelussa täyttää ohimon niin, että se on pakahtumaisillaan. *Minä olen sanoja täynnä, henki rinnassani ahdistaa minua. Katso, minun rintani on kuin viini, jolle ei reikää avata, se on pakahtumaisillaan niin kuin nuorella viinillä täytetyt leilit. (Job 32:18,19)*

Ylkä morsiamelle
4:3b Ja suusi on suloinen.

Suu tarkoittaa ravinnon vastaanottamista ja puhumista. Ohimosta elävät ja henkeen – sydämeen ja suolistoon – kätketyt sanat nousevat takaisin suuhun, morsiamen tietoisuuteen. Suu ja suun sanat ovat sydämen tulkitsijat. Pyhä Henki nostattaa morsiamen tajuntaan juuri ne sanat, joita tämä tarvitsee kunakin hetkenä. *"Minä panen Sanani sinun suuhusi."* Suuhun nousevat elävän Jumalan elävät Sanat. Juuri siksi omenapuun hedelmä on makea ja suloinen morsiamen suussa.

Morsian on äskettäin saapunut erämaasta (*midbār,* מִדְבָּר). Erämaa merkitsi liittoon sitoutumista. Erämaan tuli viimeisteli täydellisen morsiusasun. Morsiamen sydän on puhdas. Ja puhtaasta sydämestä nousee puhdas ja elävä Sana. Koska hänen suunsa on täynnä puhdasta, elävää Sanaa, heprealainen teksti yhdistää morsiamen suun erämaahan. Suun hepreankielinen vastine onkin tässä yhteydessä samainen *midbār.* Morsiamen suun (*midbār*) kautta virtaa se suloinen puhtaus, minkä erämaan (*midbār*) tuli on valmistanut. Erämaan tuli antaa hänen suuhunsa puhtaan ja elävän Sanan. *Ja tämä on minun liittoni heidän kanssansa, sanoo Herra: minun Henkeni, joka on sinun pääliäsi, ja minun sanani, jonka minä suuhusi panen, eivät väisty sinun suustasi. (Jes. 59:21)*

Mitä merkitsee se, että morsiamen suu on nimenomaisesti juuri suloinen (*na'wɛ*, נָאוֶה)?

Na'wɛ mainittiin jo ensirakkauden yhteydessä (1:5): *minä olen musta, mutta ihana (na'wɛ).* *Na'wɛ* tarkoittaa siis tässä suun sanojen suloisuutta, jotka nousevat uudesta luomuksesta. Morsiamen sydän ilmentää näin suun sanojen kautta ensirakkauden ihanuutta.

Ylkä morsiamelle
4:3a Kuin punainen nauha ovat sinun huulesi.

Päästä minut verenvioista, Jumala, minun autuuteni (tešūā, תְּשׁוּעָה) Jumala, että minun kieleni riemuitsisi sinun vanhurskaudestasi. Herra avaa minun huuleni, että minun suuni julistaisi sinun kiitostasi… Hän antoi minun suuhuni uuden virren, kiitoslaulun Jumalallemme. (Ps. 51:16,17; 40:4)

Sanan käsittely huipentuu huuliin. Huulet tuovat julki sen, mitä hampaat ja ohimo ovat taltioineet sydämen kätköihin. Huulet ovat Hyvän Paimenen koulutuksen viimeinen kohde. Sydän ja mieli ovat puhdistetut erämaan tulessa. Suun sanat tulkitsevat sydämen tuntoja. Enkeli kosketti profeetta Jesajan huulia ja sanoi: *"Katso, tämä hehkuva kivi on koskettanut sinun huuliasi, niin on sinun velkasi poistettu ja syntisi sovitettu." (Jes. 6:7)* Olento, ihmislasten muotoinen, kosketti myös Danielin huulia. (Dan. 10:16)

Hääasu on muutoin valmis, mutta huulet joutuvat vielä odottamaan. Jumalan valtakunnan sisällä, temppelissä, vuotaa maito ja mesi. Vasta hääjuhlassa huulet avautuvat puhumaan. *Hän teki minun suuni terävän miekan kaltaiseksi, kätki minut kätensä varjoon; hän teki minut hiotuksi nuoleksi, talletti minut viineensä. (Jes. 49:2)*

Kun Herra kutsui Jeremian profeetaksi, *hän ojensi kätensä ja kosketti minun suutani ja Herra sanoi minulle: "Katso, minä panen sanani sinun suuhusi." (Jer. 1:9)*

Morsiamen punaiset huulet viittaavat vereen, jossa elämä on. Hänen huulillaan on elävä Sana. Mutta huulet ovat puristetut tiukaksi nauhaksi. Hänen suunsa on suljettu, vaikka kielen alla on puhdas Sana. Näin tapahtui myös Hesekielille. Hän oli syönyt hunajanmakuisen sanan, mutta joutui kuitenkin odottamaan puhumisen aikaa. (Hes. 3:26,27)

Niin jäävät siis morsiamenkin huulet suljetuiksi.

KYPRESSI – USKON YHTEYS

Ylkä morsiamelle

4:4 Sinun kaulasi on niin kuin Daavidin torni,
   linnaksi rakennettu;
   tuhat kilpeä riippuu siinä,
   urhojen varustuksia kaikkia.

Ilman uskoa on mahdoton olla otollinen; sillä sen, joka Jumalan tykö tulee, täytyy uskoa, että Jumala on ja että hän palkitsee ne, jotka häntä etsivät. (Hepr. 11:6)

Jumalan valtakunta voidaan nähdä vain uskon avulla. Jumalan valtakunnan elämään päästään sisälle ainoastaan uskon kautta. (Joh. 3:3,5) Ilman uskoa ei näkymätön Jumala voi tulla näkyväksi. Ilman uskoa ei Jeesus voi ilmaista itseänsä. Epäuskoinen ei koskaan saa todistusta Hänestä eikä Häneltä. *Usko on luja luottamus siihen, mitä toivotaan (näkyyn, joka nousee Sanasta), ojentautuminen sen mukaan, mikä ei (vielä*

*) näy. Sillä sen (uskon ja ojentautumisen) kautta saivat vanhat todis-
tuksen. (Hepr. 11:1,2)*

Miksi teksti puhuu Daavidista ja Daavidin linnatornista?

Jeesus, Ylkä, on Daavidin Poika. Daavid (*dāwid,* דָּוִד) kuuluu samaan sanaperheeseen kuin *dōd*-rakkaus (*dd*). Kantaverbi (*ddh,* דדה) tarkoittaa "vaeltamista Herran kanssa". Usko vaikuttaa rakkauden kautta. (Gal. 5:6) Tämän tähden myös syntymälahjat olivat Jeesuksen rakkaus (*ahavā*) ja Jeesuksen usko (*šɛmɛn,* שֶׁמֶן). (1:2,3) Nämä lahjat synnyttivät tulevassa morsiamessa rakkauden (*dōd*) Jeesukseen ja uskon luottamuksen (*šɛmɛn*) Häneen.

Ylkä kertoo nyt morsiamen uskon täyttymyksestä.

Kaula, torni ja kilpi tarkoittavat kaikki uskoa. Kaula merkitsee ruumiin yhteyttä päähän, morsiamen uskon yhteyttä Ylkään, joka on seurakunnan pää. Daavidin (rakastetun) luja linnatorni kuvaa Jeesuksen uskoa siinä rakastetussa, tornia, johon morsian tukeutuu. **Uskon kautta hänen nimeensä** *on hänen nimensä vahvistanut tämän miehen, jonka te näette ja tunnette,* **usko, jonka Jeesus vaikuttaa,** *on hänelle antanut hänen jäsentensä terveyden kaikkien teidän nähtenne. (Ap.t. 3:16)*

Daavidin linnatornin seinämiin on ripustettu tuhat uskon kilpeä. (Ef. 6:16) Mitä nämä kilvet tarkoittavat? Ne ovat muistumia prosesseista, hetkistä, jolloin Ylkä on ilmaissut ja todistanut morsiamelle itsestään. Jokainen kilpi vakuuttaa, kuinka Jeesus vahvisti morsiamen uskoa ja luottamusta prosessien edetessä. Jokainen todistus on kilpenä kiinnittynyt morsiamen mielen ja sydämen seinämiin. Kilvet kertovat, kuinka Jumala palkitsee ne, jotka häntä etsivät. Tällainen yksi todistuksen kilpi linnatornin kyljessä on juuri edellä mainittu ramman jalkojen vahvistuminen.

Luku tuhat tarkoittaa Jumalan loppuun saatettua työtä, morsiamen uskon täyteyttä ja Jumalan kunnian ja kirkkauden ilmestymistä hänessä.

SETRI – HYVÄ PAIMEN

Ylkä morsiamelle
**4:5 Sinun rintasi ovat kuin kaksi nuorta peuraa
kuin gasellin kaksoset,
jotka käyvät laitumella liljain keskellä.**

Morsian on äskettäin noussut ylös erämaasta "äitini taloon, kantajani kammioon". (3:6) Tulikasteen kautta hän on saavuttanut hengellisen täysi-ikäisyyden; äiti (gasellinaaras) on herättänyt häiden edellä hänen rintansa.

Nuoret peurat ovat urospuolisia vasoja. Muistamme vielä, kuinka miespuoliset edustavat Laulujen Laulussa hengellistä auktoriteettia. Sellaisia olivat "äitini pojat". (1:6) Peurojen ja äitini poikien, molempien tarjoama ravinto on maito. "Äitini pojat" tunsivat Jeesuksen ainoastaan nimeltä. Sen tähden he jäivät veren- eli pelastuksen evankeliumiin. Morsian taas on kohdannut Jeesuksen henkilökohtaisena Ylkänään. Siksi hän on kykenevä ohjaamaan uuden uskovan ristin evankeliumiin, hengellisen kasvun tielle. On suuri ero morsiamen rintojen ja äitini poikien tarjoamalla maidolla. "Äitini pojat" saattoivat tulevan morsiamen uupumukseen. Morsiamen rinnat taas laiduntavat liljoja. Hän ruokkii heitä tietoisena heidän hengellisen elämänsä sen hetkisestä kasvuvaiheesta. Hänen tehtävänsä on johdattaa liljat morsiusprosessiin ja Jeesuksen tuntemiseen.

KEITÄ OVAT NÄMÄ LILJAT?

Muistamme, että liljoja ovat ne, jotka ovat kihlautuneet Jeesuksen omiksi. (1:12-14) He ovat syntyneet vedestä ja Hengestä ja pyrkivät liljoina sisälle Jumalan valtakuntaan. (Joh. 3:5) Luonnollisesti nämä liljat ovat Jerusalemin tyttäriä. Samaan aikaan, kun Ylkä puki morsianta erämaassa täydelliseen hääpukuun (3:5), Jerusalemin tyttäret tutustuivat Hyvän Paimenen seurassa lihansa kelvottomuuteen. He ovat nyt viisaiden neitsyiden lailla, talven uuvuttamina, ristikoiden takana. (2:9)

Appiryōn-kantotuolin morsian on täynnä *ahavā*-rakkautta juuri Jerusalemin tyttäriä varten. (3:10) Niinpä hän kutsuikin heidät välittömästi morsiusneidoikseen: *"Tulkaa ulos, Siionin tyttäret!"* (3:11) Morsiamen tehtävänä on nyt laiduntaa ja ruokkia Siionin tyttäriä rintojensa väärentämättömällä maidolla. Jerusalemin tyttäret tarvitsevat uupumuksensa takia lempeitä, rohkaisevia sanoja. Sitä varten on morsiamen rintojen maito.

Morsian valmistaa Jerusalemin tyttäriä hääjuhlaansa varten. Heidän tulee huomioida nyt hääjuhlaan pukeutuminen. Hehän tulevat juhlassa kohtaamaan myös Jeesuksen, oman Ylkänsä. Pukeutumisohjeena häihinsä morsian tähdentää morsiusneidoilleen: ***"Katsokaa kuningas Salomoa** kruunussaan, jolla hänen äitinsä hänet kruunasi hänen hääpäivänänsä, hänen sydämensä ilonpäivänä."* (3:11) Hääjuhlasta alkaen liljojen orjantappurainen seppele vaihtuu harjoituksen kautta elämänvanhurskauden kultakruunuksi. Vastaavaa ohjetta morsian ei kuullut omilta "äitini pojilta". Hehän tunsivat Jeesuksen ainoastaan nimeltä. Sen tähden hän joutui kyselemän uupumuksessaan: *"Sano minulle sinä, jota minun sieluni rakastaa (ahavā), missä laumaasi paimennat."* (1:7)

4.3 MAITORUOKA JA VAHVA RAVINTO

Rintojen väärentämätön maito on uudestisyntymisen jälkeinen ensiravinto. Jeesuksen veri on lahjoittanut elämän, uuden luomuksen. Ensirakkaus on elämää anteeksiantamuksessa. Pelastuksen evankeliumin saarna on julistusta verestä ja syntien anteeksiannosta. Elämä on Jeesuksen veressä, joka muodostaa hengellisen elämän kallioperustan. Hengellinen elämä rakentuu tälle kalliolle. Paavali sanoo: *"Minä olen taitavan rakentajan tavoin pannut perustuksen, ja toinen sille rakentaa, mutta katsokoon kukin, kuinka hän sille rakentaa."* Ja Paavali jatkaa: *sillä muuta perustusta ei kukaan voi panna, kuin mikä pantu on, ja se on Jeesus Kristus.* (1. Kor. 3:10,11)

Uudestisyntymisen jälkeen pelkkä maito ravintona merkitsee syntyneen lapsen jäämistä lapseksi. Siinä vaiheessa, kun uusi uskova ymmärtää olevansa "musta mutta ihana" (1:5), hän tarvitsee asteittan vahvempaa ravintoa. Hänelle tulee kertoa hengellisestä kasvusta Jeesuksen Kristuksen tuntemiseen.

Pelastus on siis Jeesuksessa Kristuksessa, Kristuksen Jeesuksen tuntemisessa. Ja Jeesus tullaan tuntemaan nimen omaa morsiusprosessin kautta, morsiusprosessin, joka merkitsee *appiryōn*-kantotuolin rakentumista. Siksi morsian kehotti Jerusalemin tyttäriä katsomaan kuningas Salomoon. (3:11) Muuta tietä ei ole. Jeesus sanoo, että hän on tämä ainoa tie; *ottakaa ristinne ja seuratkaa minua.*

Veren evankeliumin ja ristin evankeliumin välinen ero ja jännite on koetellut uskovia alusta alkaen. Paavali kirjoittaa: *"Te olette käyneet hitaiksi kuulemaan (ongelmana risti). Sillä te, joiden olisi jo aika olla opettajia, olette taas sen tarpeessa, että teille opetetaan Jumalan sanojen ensimmäisiä alkeita; te olette tulleet maitoa tarvitseviksi, ei vahvaa ruokaa. Sillä jokainen, joka vielä nauttii maitoa, on kokematon vanhurskauden sanassa, sillä hän on lapsi; mutta vahva ruoka on täysi-ikäisiä varten, niitä varten, joiden aistit tottumuksesta ovat harjaantuneet erottamaan hyvän pahasta"*, uuden vanhasta, ihanan mustasta. *(Hepr. 5:11-14)*

MITÄ ON VAHVA RAVINTO?

Jerusalemin tyttäret ovat liljoja. He ovat käyneet läpi liljaprosessin ja tuntevat nyt lihansa kelvottomuuden. Heillä on Pyhä Henki Hyvänä Paimenena. He tuntevat kipeästi ristin paljastavan luonteen. He ovat nukahtaneita viisaita neitsyitä. Miksi siis morsian ruokkii heitä edelleen rintojensa maidolla? Eiväthän he enää ole lapsia?

Jerusalemin tyttäret eivät liljoina todellakaan ole hengellisiä lapsia. Hyvän Paimenen seuraaminen on merkinnyt heille erityisen vahvaa ravintoa; onhan Pyhä Henki läpivalaissut heidän koko olemuksen ja paljastanut lihan saastaisuuden. Miksi siis nyt rintojen maito?

Ylkä sanoi edellä morsiamen huulista: *"Kuin punainen nauha ovat sinun huulesi."* *(4:3)* Helakanpunainen väri huulilla tarkoittaa verenpunaisia sanoja, ensirakkauden sanoja uudestisyntymisen yhteydessä. Morsiamen rintojen maito Siionin tyttärille merkitsee uutta – uudestisyntymiseen verrattavaa – alkua; liljaprosessi vaihtuu morsiusprosessiksi. Morsiamen kohdalla vastaavaa uutta alkua kuvattiin kevään riemullisena heräämisenä. Kysymys on Siionin tyttärienkin kohdalla paluusta ensirakkauteen. Siksi myös Jeesuksen veren merkitys jälleen korostuu; sillä elämä on veressä.

Veren julistus morsiamen huulilla, rintojen maidossa, ennakoi Yljän saapumista vuorille: *kuule, rakkaani tulee, katso, tuolla hän tulee hyppien vuorilla, kiitäen kukkuloilla. (2:8)* Kun morsian julistaa Jeesuksen verestä, sillä ei siis ole mitään tekemistä "äitini poikien" pelastuksen evankeliumin kanssa. Vaan morsian herättelee morsiusneitoja rintojensa maidolla: *Katsokaa, talvi on väistynyt, sateet ovat ohitse, ovat menneet menojaan. Kukkaset ovat puhkeamassa maahan, ja laulun aika koittaa – ettekö sitä huomaa?" (2:11,12)*

Nuoria peuroja ovat morsiamen sanat Jerusalemin tyttärille, sanoja, jotka ennakoivat vahvaa ravintoa: *katsokaa kuningas Salomoa kruunussaan!* Vastaavasti Paavali muistuttaa katseesta kuningas Salomoon (toistamme vielä hänen sanansa): *muuta perustusta ei kukaan voi panna, kuin mikä pantu on, ja* **se on Jeesus Kristus**. *Sen Jumalan armon mukaan, joka on minulle annettu, minä olen taitavan rakentajan tavoin pannut perustuksen ja toinen sille rakentaa, mutta katsokoon kukin, kuinka hän sille rakentaa. (1. Kor. 3:11,10)*

Liljaprosessin jälkeen vahva ravinto, Jeesus Kristus, saa aivan uuden luonteen. Ylkä alkaa pukea Siionin tyttäriä rakkauden juhla-asuun. Morsian johdattelee rintojensa maidolla Jerusalemin tyttäriä Pyhän Hengen voitelun parhaille laidunmaille, niille laitumille, joista hän itse on löytänyt lihavan ruokamaan. Hyvä Paimen sanoo heille: *niin minä tahdon vapautta lampaani, etteivät ne enää jää ryöstettäviksi... minä herätän heille yhden paimenen heitä kaitsemaan, palvelijani Daavidin; hän on kaitseva heitä ja oleva heidän paimenensa. (Hes. 34:22,23)*

ITSE VAHVA SANA TÄYSI-IKÄISILLE

Alussa oli Sana, ja Sana oli Jumalan tykönä, ja Sana oli Jumala. Hän oli alussa Jumalan tykönä... Mikä on alusta ollut, minkä olemme kuulleet, minkä omin silmin nähneet, mitä katselimme ja käsin kosketimme, siitä me puhumme: elämän Sanasta. (Joh. 1:1,2; 1. Joh. 1:1)

Elämän Sana on Jeesus Kristus. Tämän tähden morsian kehottaa Jerusalemin tyttäriä hääjuhlaa varten katsomaan kuningas Salomoa. Siionin tyttäret jäävät odottamaan Yljältä sanaa: *nouse, armaani, sinä kaunoiseni, ja tule.* (*2:13*) Jeesus itse – siis elävä Sana – pukee ja rakentaa temppelin. Todellinen rakentaja on Jeesus, Ylkä. Pukeutuminen uuteen merkitsee siis kaiken aikaa lisääntyvää Jeesuksen tuntemista – omana Ylkänään. Morsian tulee myöhemmin varustamaan Jerusalemin tyttäriä myös vahvalla ravinnolla. Silloin hän kertoo heille Jeesuksesta, millaisena hän Hänet tuntee.

4.4 Morsian siirtyy Yljän läsnäoloon

Morsian Yljälle
**4:6 Siksi kunnes päivä viilenee
ja varjot pakenevat, minä käyn mirhavuorelle
ja suitsukekukkulalle.**

"Siksi kunnes päivä viilenee ja varjot pakenevat." Täsmälleen samoilla sanoilla morsian kehotti Ylkää kiertelemään tuoksuisilla vuorilla. (2:17) Tuoksuisilta vuorilta laskeutui liiton tuli. Erämaan tulessa morsian sai lujan otteen Hyvästä Paimenesta: *kun löysin hänet... minä tartuin häneen enkä hellittänyt.* (3:4) Yhdessä he sitten suuntasivat askeleensa kohti "äitini taloa". (3:4)

Missähän "äitini talo" mahtaa sijaita?

Yö saapuu. Tämä on se yö, jolloin Ylkä tulee noutamaan morsiamensa hänen äitinsä talosta Yljän Isän kotiin, häätaloon. Hääkulkue lähtee perinteisesti öiseen aikaan morsiamen kotoa, "äitini talosta".

Muistamme, kuinka kihlaus tapahtui morsiamen kotona. (1:12-14)

Kihlauksesta alkoi morsiamen temppelin, hänen hengellisen elämänsä, rakentuminen. Hyvä Paimen on prosessien kautta valmistanut temppelin, pukenut kihlatun hääasuun. Pyhän Hengen temppelinä hän on nyt valmis kohtaamaan Ylkänsä. Ja muistammehan vielä senkin, että morsian itse on tämä "äitinsä talo, kantajansa kammio". Kaikki tapahtuu hänessä. Ja hän on nyt tavoittamassa temppelinsä täyteyden.

Päivä viilenee ja varjot pitenevät. Ylkä kiertelee edelleen tuoksuisilla vuorilla ja odottaa. *Herra on korkea, sillä hän asuu korkeudessa. Hän täyttää Siionin oikeudella ja vanhurskaudella... Jumala asuu korkeudessa ja pyhyydessä ja niitten tykönä, joilla on särjetty ja nöyrä sydän. (Jes. 33:5; 57:15)* Morsian nousee erämaasta ja sanoo: "Minä käyn mirhavuorelle – ensin mirhavuorelle, sitten suitsukekukkulalle."

MITÄ TARKOITTAA MIRHAVUORI?

Muistamme kihlauksen mirhakimpun. (1:13) Mirha edustaa katkeruuden ja anteeksiantamattomuuden sanaperhettä. Mirhakimppu tarkoittaa lihan sitomista, ristiinnaulitsemista. Sen jälkeen kun kihlattu morsian hyväksyi mirhan kimpuksi sidottuna, Ylkä lahjoitti hänelle morsiamen hinnan – Hyvän Paimenen. (2:4) Hengelliset kasvuprosessit Hyvän Paimenen johdolla tarkoittivat mirhakimpun sitomista. Ja morsiamen liha, lihan luonto, lepää tällä hetkellä sidottuna ruumispaareilla (*mitta*). (3:7)

Erämaasta tuleva morsian nousee nyt Libanonin huipuille, mirhavuorelle. Libanonin korkein huippu, Hermon, tarkoittaa vihittyä, pyhää paikkaa. Libanon (valkoinen, sädehtivän kirkas) merkitsee Herran, Jumalan valtakunnan, läsnäoloa. Libanonin korkeudessa, sisällä Jumalan valtakunnassa, ei elä enää mikään katkeruus. Erämaassa Jumalan elävä Sana, miekkamiehet, sitoi lihan kuolinvuoteeseen (*mitta*). (3:7) Ja kuningas Daavid varmistaa, että minän itsekkyys ja oma itsekäs tahto pysyvät ruumispaareilla. Niinpä Jeesuksen seurassa mirhavuorella ei ole katkeruudella eikä anteeksiantamattomuudella enää mitään sijaa. Libanon mirhavuorena tarkoitaa siis Jumalan täydellistä anteeksiantoa.

Hermonin lumihuipulla auringon kirkkaus sokaisee. Tämä on enemmän kuin ruumispaarit (*mitta*). Jumalan korkeudessa ja pyhyydessä lihallinen luonto ei kestä. Hermonin hohtavilla hangilla aurinko lämmittää ja valaisee. Jeesuksen läsnäolo, rakkauden yltäkylläisyys ja hengellisen ymmärtämisen avartuminen vievät lihalliselta luonnolta kaiken elintilan. Liha kuolee, ja luonnollinen itsekkyys haihtuu olemattomiin. Mirhavuori julistaa Jumalan massiivista anteeksiantoa.

Libanonin lumihuipulla asuu häikäisevä kirkkaus, puhtaus, raikkaus ja vapaus. Siellä liikehtivät Pyhän Hengen voimalliset tuulet. Siellä on tilaa hengittää. Morsiamen vaatteisiin ja koko hänen olemukseensa imeytyy Libanonin raikas tuoksu.

Morsian on siirtymässä kolmannen temppelinsä esipihasta (4:1-7) temppelin pyhään (Liite 1). Yleinen pappeus on muuttumassa kuninkaalliseksi pappeudeksi.

Ylkä morsiamelle
4:7 Kaikin olet kaunis, armaani,
  ei ole sinussa ainoatakaan virhettä.

Silloin sinun (morsiamen) valkeutesi ('or) puhkeaa esiin niin kuin aamurusko. (Jes. 58:8 alku)

Hepreankielen sana *'or* tarkoittaa aamunkoittoa, valoa ja häikäisevää kirkkautta. Sanan radikaalit kertovat, kuinka "Isän kirkkaus (*'ālef,* härkä) näyttäytyy Pojassa (*rēš,* pää)". Luomisen ensimmäisenä päivänä Jumala sanoi: *"Tulkoon valkeus ('ōr,* אור *) ja valkeus ('ōr) tuli." (1. Moos. 1:3)* Silloin Luoja-Jumala (Poika) asettui työpaikalleen luomista varten.

*Silloin sinun haavasi kasvavat nopeasti umpeen; sinun vanhurskautesi käy sinun edelläsi, ja Jumalan kunnia seuraa suojanasi. Silloin sinä rukoilet, ja Herra (Jeesus) vastaa, sinä huudat, ja hän sanoo:"**Katso, tässä minä olen.**" (Jes. 58:8,9)*

Morsian on nyt noussut Libanonille – vuorista korkeimmalle. Hänen hengellisen elämänsä tilaa ja asemaa kuvataan Libanonin vuoriston jylhyydellä. Morsian on Kuningas Salomon kantotuolina tehty Libanonin puista. Hän on saapunut kotiinsa, sisälle "äitinsä taloon". Siellä kihlattu morsian kohtaa nyt Ylkänsä odottamassa. Kihlausvuosi on kulunut loppuun. Ylkä ihastelee kihlattunsa kokonaisvaltaista kauneutta. *Ylen ihana on kuninkaan tytär sisäkammiossa, kultakudosta on hänen pukunsa. Kirjailluissa vaatteissa hänet saatetaan kuninkaan tykö. Neit-*

syet seuraavat häntä, hänen ystävättärensä tuodaan sinun tykösi. (Ps. 45:14,15)

Ylkä kutsuu kihlattuaan nimellä "armaani". Jeesus käyttää kyseistä sanaa, kun hän johdattaa morsiamensa uuteen hengellisen elämän vaiheeseen. Nyt, kun morsiuspuku on valmis, Jeesus kutsuu kihlattua morsiantansa seitsemännen kerran sanalla "armaani". Luku seitsemän on hengellisen täydellisyyden luku. Morsian on pukeutunut täydelliseen hääasuun; kultakudosta on hänen pukunsa. Luku seitsemän tarkoittaa myös Jeesusta henkilökohtaisesti. Morsian on valmis kohtaamaan Ylkänsä hänen pyhyydessään ja korkeudessaan; *rakkaani on minun omani ja minä olen hänen. (2:16)*

4.5 HÄÄKULKUE LÄHTEE MORSIAMEN KOTOA HÄÄTALOON

Ylkä morsiamelle
4:8 Tule kanssani Libanonilta, sinä morsiameni,
tule kanssani Libanonilta.
Lähde pois Amanan huipulta,
Senirin ja Hermonin huipuilta,
leijonain leposijoilta ja pantterien vuorilta.

Ylkä vastaanottaa kihlaamansa morsiamen Libanonin huipuilla, tuoksuisilla vuorilla. Siellä, Libanonilla, Jeesus on kierrellyt ja odottanut. Hän asettaa kihlattunsa nyt morsiamen asemaan – "sinä morsiameni". Ja morsian kohtaa mirhavuorella Ylkänsä, Jeesuksen Kristuksen, jonka hän on oppinut tuntemaan Hyvän Paimenen seurassa. Mutta hän kohtaa Libanonin huipuilla myös Jumalan koko kolminaisuuden: Hermonin (Isän), Senirin (Pojan) ja Amanan (Pyhän Hengen). Hermon ja Senir ovat saman vuoren kaksi huippua. *Minä olen Isässä ja Isä on minussa. Niitä sanoja, jotka minä teille puhun, minä en puhu itsestäni; ja Isä, joka minussa asuu, tekee teot, jotka ovat hänen… Ja Jumalan ja Karitsan valtaistuin on siellä oleva. (Joh. 14:10; Ilm. 22:3)* Amana sijaitsee edellä mainituista huipuista pohjoiseen. Sen rinteiltä laskeutuu kristallikirkas Abana-joki itään, halki Damaskon kaupungin. Sieltä odotetaan aikanaan herätystä.

Jeesus sanoo: *"Joka on nähnyt minut, on nähnyt Isän." (Joh. 14:9)* Libanonin huipuilla morsiamen identiteetti tarkentuu; olihan Salomo tehnyt kantotuolin juuri Libanonin puista. (3:9)

Alussa Jumala (elohim, mon.) sanoi: "Tehkäämme ihminen kuvaksemme, kaltaiseksemme." (1. Moos 1:26)

Kuudentena päivänä Jumala(t) loi vaimon, mikä tarkoittaa seurakunnan ensimmäistä alkua. Aadamin Herra Jumala (Jeesus ja Jumalan kolminaisuus) oli valmistanut jo kolmantena päivänä, ennen kuin mitään muuta oli luotu.

Niinpä kuudentena päivänä *Jumala (mon.) loi ihmisen omaksi kuvaksensa, Jumalan kuvaksi hän hänet loi; miespuoliseksi ja naispuoliseksi hän loi heidät.* (1. Moos. 1:26,27 ak.)

Naispuolisena morsian voi vuorilla nyt hyvin käsittää Jumalan kolminaisuuden. Morsiamena hän myös ymmärtää, että hän itse on osa Jumalan suurta suunnitelmaa – suunnitelmaa Yljästä ja morsiamesta. Jeesus sanoo: *"Kun olette (elämässänne) ylentäneet Ihmisen Pojan, silloin te ymmärrätte, että minä olen se, joka minä olen."* (Joh. 8:28)

Jakeen 4:8 verbit ilmaisevat, mitä mirhavuorella on parhaillaan tapahtumassa. Verbi *hlk* (tulla, הלך) tarkoittaa lähtemistä pois, lähtemistä jonkun seurassa. (1. Moos. 18:33; 2. Moos. 10:9) Toinen verbi *bw'* (lähteä, בוא) ilmaisee siirtymistä ulkoa sisätilaan ja liittymistä jonkun seuraan. (1. Moos. 6:18; 5. Moos. 23:1) Ylkä istuutuu tässä vaiheessa "Kuningas Salomon kantotuolin" kultaiselle valtaistuimelle. Myös verbin *bw'* radikaalit kertovat, kuinka "morsian (*bēt*, talo) liittyy (*wāw*, naula) **Ylkään** (*'ālef*, härkä)".

Verbit kertovat näin ollen morsiuskulkueen lähdöstä (*hlk*) kohti häätaloa. Verbi *bw'* ilmaisee siis, kuinka Ylkä asettuu *appiryōn*-kantotuolin sisälle, sen kultaiselle istuimelle. Sieltä kultaiselta valtaistuimelta käsin – Jeesus itse johdattaa (*hlk*) kulkuetta häätaloon, kun tulisoihdut valaisevat yön, ja riehakas ystävien ilonpito seuraa kantotuolia. Ja kantotuoli on morsian itse.

Morsian: *Sinä olet minun suojani, sinä varjelet minut hädästä, sinä ympäröitset minut pelastuksen riemulla.*

Jeesus: *Minä opetan sinua ja osoitan sinulle tien, jota sinun tulee vaeltaa; minä neuvon sinua, minä johdatan sinua silmälläni. (Ps. 32:7,8 ak.)*

Tänä yönä hääkulkue vaeltaa morsiamen kotoa Libanonilta häätaloon. (Liite 1) Kun morsiusprosessi alkoi (2:10), se merkitsi käymistä toisen temppelin pyhään. Ylkä sanoi silloin: ***"Nouse,*** *armaani, sinä kaunoiseni,* ***ja tule."*** Tässä jakeessa morsian on astumassa nyt kolmannen temppelin pyhään. Ja Ylkä sanoo hänelle: ***"Tule kanssani Libanonilta,*** *sinä morsiameni,* ***tule kanssani*** *Libanonilta."*

Minä annan sinulle aarteet pimeän peitosta, kalleudet kätköistänsä, tietääksesi, että minä, Herra, olen se, joka sinut nimeltä kutsuin. (Jes. 45:3)

Leijonain leposijat merkitsevät leijonain kotiluolia. Juudan leijona viittaa Jumalan Sanaan, Jeesukseen Kristukseen. Morsian on saapunut Sanan lähteille – sinne, missä kasvavat setripuut. Siellä kylläiset leijonat lepäävät. Pantterit, kypressit, tarkoittavat rukousta. Ne eivät lepää. Pantteri on ahnas peto, joka mielii saalista enemmän kuin, mitä itse tarvitsee ravinnokseen. Libanonin pantterit nousevat yhä ylemmäs kohti huippuja, rukous aina valtaistuimelle saakka. Sen tähden Hermon, Senir ja Amana ovat panttterien vuoret.

Ja ylhäällä vuorilla kiirii huuto Yljälle ja huuto morsiamelle. *Iloitkaamme ja riemuitkaamme ja antakaamme kunnia hänelle, sillä Karitsan häät ovat tulleet. (Ilm. 19:7)*

Ylkä morsiamelle

**4:9 Olet lumonnut minut, siskoni, morsiameni
lumonnut minut yhdellä ainoalla silmäykselläsi,
yhdellä ainoalla kaulakoristeesi käädyllä.**

Hääkulkue ei kulje ulospäin näkyvänä juhlakulkueena. Ei niin. Morsian itse on Pyhän Hengen temppeli. Ylkä kulkee hääkulkueena läpi temppelin pyhän: morsiamen mielen kautta sisälle hänen sydämeensä, hänen henkeensä. Henki on Jeesuksen koti ja asunto uudestisyntymisestä lähtien. Hääkulkue merkitsee paluuta ensirakkauteen.

Ylkä kutsuu kihlattuansa nyt sanoilla: siskoni, morsiameni. Sanat ovat morsiamelle tärkeät hänen hengellisen identiteettinsä, hengellisen persoonallisuutensa ja syntyperänsä tiedostamiseksi. Sisaruksina, Jeesus Ylkänä ja morsian ovat syntyneet samasta kohdusta. Morsiamen uusi luomus on yhtä Ylkänsä kanssa. Jeesuksella on elämä itsessään. Ja hän on antanut elämänsä myös morsiamelle. Hänelläkin on elämä itsessään – vapautunut uusi luomus. (Joh. 6:53) Niinpä Jeesus nimittää Libanonille nousevan kihlattunsa morsiameksi (*kallā*, כַּלָּה). Kantaverbi *klh* ilmaisee jo itsessään sen tien, joka on johtanut morsiamen Libanonin huipuille. Verbi *klh* kertoo prosessien valmistumisesta: tulla valmiiksi, suorittaa loppuun, saavuttaa päämäärä. Mutta verbi *klh* ilmaisee myös vanhan luomuksen kohtalon: kuihtua, nääntyä, tehdä loppu, tuhota lopullisesti. *Jos joku on Kristuksessa, niin hän on uusi luomus; se, mikä on vanhaa, on kadonnut, katso, uusi on sijaan tullut. (2. Kor. 5:17)*

Ja Ylkä ylistää edelleen myös morsiamensa katsetta. Nyt hän on aivan lumoutunut hänen silmistänsä. Morsiamen kiinteän katseen ja kaksoispeilin ansiosta hänen hengellinen kasvunsa on tapahtunut viivytyksettä. Tarkasti piirretty näky on rientänyt määränsä päähän.

Mitä tarkoittaa, että Ylkä on lumoutunut morsiamen katseesta?

Katse ilmaisee morsiamen sielun vilpittömyyden ja hengen puhtauden. Lumoaminen (*lbb*, לבב) merkitsee sydämen valloittamista. Verbi *lbb* itsessään kertoo, että "Jeesuksen voima ja mielisuosio kohdistuu voimakkaasti (*lāmɛd*, härkäpistin) morsiameen, hänen hengelliseen elämäänsä (*bēt, bēt*, talo, temppeli)". Verbin merkittävimmät johdannaiset (*lēv*, לֵב ja *lēvāv*, לְבָב) tarkoittavat sydäntä. *Labba* taas kertoo tulen liekeistä. *Herran enkeli ilmestyi Moosekselle tulen liekissä (labbā,* לַבָּה *) keskellä orjantappurapensasta. (2. Moos. 3:2)* Morsian on edellä käynyt erämaan halki ja kulkenut Herran tulen poltteessa. Niinpä morsian on nyt todella lumonnut, valloittanut Ylkänsä sydämen. Tämän tähden yksi morsiamen silmäys koskettaa syvästi Jeesuksen sydäntä (*lēv*).

Toinen lumovoimainen ominaisuus morsiamessa on hänen uskonsa. Kaula tarkoittaa uskoa. *Me teemme sinun kasvoillesi kultaiset käädyt, ynnä kaulallesi hopeasta helmet. (1:11)* Morsiamen identiteetti hänen kasvoisaan on kultaa ja kaulakoristeena uskon hopeinen helminauha.

Morsiamen vanhurskaus on rakentunut lujaksi kuin Daavidin linnatorni: hopea ja uskonvanhurskaus, kulta ja elämänvanhurskaus.

Ylkä morsiamelle
**4:10a Kuinka ihana onkaan sinun rakkautesi,
siskoni, morsiameni! Kuinka paljon
suloisempi viiniä on sinun rakkautesi.**

Hääkulkue etenee yössä. Tulisoihdut tunkeutuvat pimeään ja valaisevat tien. Morsiusprosessin täyttymys ilmenee paluuna ensirakkauteen. Nyt Ylkä käyttää lumoutuneena morsiamen omia sanoja, niitä sanoja, joilla tuleva morsian ylisti Jeesusta uudestisyntymisensä yhteydessä (1:2,3): rakkaus (*dōd*), viini ja voiteiden tuoksu.

Aivan kuin Ylkä etsisi sanoja, joilla hän voisi ilmaista morsiamen kauneuden. Ikään kuin hän saattaisi morsiamen itsensä käyttämin sanoin ilmaista rakkauden (*dōd*) lumovoiman hänelle parhaiten. Rakkaus (*dōd*) kaunistaa kasvot, lempeys elävöittää sielun. *Ylhäältä tuleva vii-*

saus on ensiksikin puhdas, sitten rauhaisa, lempeä, taipuisa, täynnä lau-
peutta ja hyviä hedelmiä. (Jaak. 3:17)

Ensirakkauden huumassa tuleva morsian ilmaisi rakkautensa hep-
rean sanalla *dōd*. *Dōd* merkitsee vastarakkautta, kun Jeesuksen *ahavā*-
rakkaus koskettaa; *sinun rakkautesi (dōd) on suloisempi kuin viini. (*
1:2) Ylkä toistaa morsiamelle hänen käyttämänsä sanat kahteen kertaan:
kuinka ihana onkaan sinun rakkautesi (*dōd*)... suloisempi viiniä on
sinun rakkautesi (*dōd*). *Dōd* tarkoittaa Yljän suussa, että morsian on
palannut ensirakkauteen. Mutta *dōd*-sanat merkitsevät nyt Yljälle vielä
enemmän. Nyt Jeesus on nimittäin – tämä on aivan käsittämätöntä –
hän on niin lumoutunut morsiamen rakkaudesta ja kauneudesta, että
hän käyttää sanaa *dōd* myös sen varsinaisessa merkityksessä. Morsian
itsessään ei ole *ahavā*-rakkauden lähde, mutta hän on täynnä Pyhää
Henkeä – hän heijastaa *ahavā*-rakkautta ja Jumalan kirkkautta. Se lumo-
aa Jeesuksen. Hän tuntee vastarakkautta morsiameensa samalla tavoin,
kuin morsian rakasti Jeesusta ensirakkaudessa (*dōd*).

Ensirakkauden sanat *ihana* ja *suloisempi* ovat alkukielessä verbejä. Ja
verbeinä sanat ilmaisevat muuttumista yhä kauniimmaksi. Vaikka mor-
sian on virheetön ja täydellinen, niin prosessi jatkuu. Ylkä toistaa sanat
siskoni, morsiameni. Ensirakkaudessa morsian tiedostaa todellisen syn-
typeränsä ja nykyisen asemansa morsiamena.

Ylkä morsiamelle
4:10b Suloisempi kaikkia balsameja
on sinun voiteittesi tuoksu!

Ensirakkauteen palaamisesta kertoo myös voiteiden tuoksu. Ylkä
käyttää edelleen ensirakkauden sanoja; *suloinen on voiteittesi (šemen)*
tuoksu, vuodatettu öljy (šemen) on sinun nimesi. (1:3) Voide (*šemen*
) tarkoittaa uskoa, tinkimätöntä uskon kuuliaisuutta ja hengen otollista

maaperää maaperää – Jeesuksen uskoa. Ensirakkaudessa totesimme voiteen tarkoittavan "Jeesuksen uskoa". Öljy merkitsi tulevassa morsiamessa Jeesuksen uskon vaikuttamaa heräävää uskon luottamusta Jeesukseen. Nyt – luomoutuneena morsiameensa Ylkä näkee morsiamen uskossa oman uskonsa. Ja morsiamen voiteen tuoksu merkitsee Yljälle enemmän kuin kaikkien suloisten balsamien tuoksut, vaikka balsamintuoksu on Hänen oma tuoksunsa.

Ylkä on lumoutunut morsiameensa, joka on hääasussa Hänen itsensä kaltainen.

Balsami on jo kaikkein pyhimmän tuoksu, joka rientää morsianta vastaan esiripun takaa. Tuhlaajapoika on palaamassa kotiin Isän luokse. Morsian on seurannut Hyvää Paimenta, ja kaikki oma, isiltä peritty, on tuhlattu matkalla. Isä rientää balsamina häätalosta morsianta vastaan.

"Kun hän vielä oli kaukana, näki hänen isänsä hänet ja armahti häntä, juoksi häntä vastaan ja lankesi hänen kaulaansa ja suuteli häntä hellästi… sillä tämä minun poikani oli kuollut ja virkosi eloon." (Luuk. 15:20,24)

Niin myös Isä ottaa morsiamen vastaan, morsiamen, joka saapuu Hänen Poikansa seurassa. Poika panee hääjuhlassa sormuksen morsiamen sormeen. Isä sanoo palvelijoillensa tuhlaajapojasta: *"Tuokaa pian parhaat vaatteet ja pukekaa hänet niihin, ja pankaa sormus hänen sormeensa ja kengät hänen jalkaansa."* (Luuk. 15:22) Orjat ja vangit kävelevät paljain jaloin. Isä tunnustaa tuhlaajapojan omaksensa. Sen merkkinä on sormuksen lisäksi kengät hänen jaloissaan. Morsian on vapaa, ja kengät ovat vapauden merkki – vapauden lihan orjuudesta. Näin Jeesus Kristus asettaa morsiamen asemaansa Jumalan valtakunnassa, Isänsä talossa.

Morsiussaatto saapuu häätaloon, Isän kotiin. Isä sanoo:

"Iloitkaa minun kanssani, sillä minä löysin lampaani, joka oli kadonnut...Iloitkaa minun kanssani, sillä minä löysin rahan, jonka olin kadottanut... ja noutakaa syötetty vasikka ja teurastakaa. Ja syököämme ja pitäkäämme iloa,

sillä tämä minun poikani (morsian) oli kuollut ja virkosi eloon, hän oli kadonnut ja on jälleen löytynyt. Ja he rupesivat iloa pitämään. (Luuk. 15:6,9,23,24)

Ylkä morsiamelle
4:11a Sinun huulesi tiukkuvat hunajaa, morsiameni;
mesi ja maito on sinun kielesi alla.

Näin sanoo Pyhä, Totinen, jolla on Daavidin avain, hän, joka avaa, eikä kukaan sulje, ja joka sulkee, eikä kukaan avaa. (Ilm. 3:7)

Ilmestyskirjassa Filadelfian seurakunta on kuvaus morsiusseurakunnasta.

Esirippu avautuu kaikkein pyhimpään. Morsian ohittaa seitsemännen portin ja astuu sisälle kolmannen temppelin kaikkein pyhimpään, luvattuun maahan. (Liite 1) Luku seitsemän on Jeesuksen luku. Portti tarkoittaa Jeesuksen, uskovan identiteetin, täyttä tuntemista Kristuksessa, balsamin tuoksussa. Balsami on Kristuksen tuoksu. Ja myös Jeesus tuntee morsiamen omanaan – siskonansa ja morsiamenaan. Morsian on saapunut perille.

*Koska meillä siis, veljet, on luja luottamus siihen, että meillä Jeesuksen veren kautta on pääsy kaikkein pyhimpään, jonka pääsyn hän on vihkinyt **meille uudeksi ja eläväksi tieksi, joka käy esiripun, se on hänen lihansa kautta,** niin käykääm-*

me esiin totisella sydämellä, täydessä uskon varmuudessa, sydän vihmottuna puhtaaksi pahasta omastatunnosta ja ruumis puhtaalla vedellä pestynä. (Hepr. 10:19-22)

Morsiamen huulilla on luvatun maan, Jumalan valtakunnan, ravinto – hunaja. Hän on täynnä Pyhää Henkeä ja Kristuksen Jeesuksen tuntemista. Voita ja hunajaa hän on syönyt. Hän kykenee erottamaan hyvän ja pahan. Ja morsian on valinnut hyvän. (Jes. 7:15)

Hunaja morsiamen huulilla ja mesi sekä maito hänen kielensä alla, merkitsevät sitä, että Jeesus on tästä lähtien valmis puhumaan morsiamen suulla. Maito tarkoittaa väärentämätöntä Jumalan Sanaa. Myös mesi, joka on hunajan alkuperäinen raaka-aine, merkitsee samaa väärentämätöntä Sanaa. Kun morsiamen huulilla tiukkuu hunaja, hänen sanojensa lähteenä ovat mesi ja maito. Profeetta Hesekiel söi kirjakäärön. Se maistui hänen suussansa hunajalta. Jeesus Kristus itse on väärentämätön Sana. Kun Jeesus puhuu morsiamen suun kautta, morsiamen sanoissa on sama hunajan maku. Silloin hänen huulensa tiukkuvat hunajaa. Morsian tarjoaa hääväelle mannaa, hunajan makuista ravintoa. Mannassa Ylkä itse on elävänä juhlaväen keskellä. *Autuaat ne, jotka ovat kutsutut Karitsan hääaterialle!.. Ja morsiamen annettiin pukeutua liinavaateeseen, hohtavaan ja puhtaaseen: se (pellava)liina on pyhien vanhurskaus. (Ilm. 19:9,8)*

Johannes kirjoittaa:

Niinä päivinä, jolloin seitsemännen enkelin ääni kuuluu hänen puhaltaessaan pasunaan, Jumalan salaisuus käy täytäntöön sen hyvän sanoman mukana, jonka hän on ilmoittanut palvelijoilleen profeetoille. Ja sen äänen, jonka minä olin kuullut taivaasta, kuulin taas puhuvan minulle ja sanovan: "Mene ja ota tuo avattu kirjakäärö, joka on meren ja maan päällä seisovan enkelin kädessä." Ja minä meni enkelin tykö ja pyysin, että hän antaisi minulle sen kirjasen. Ja hän sanoi minulle: "Ota ja syö se: se on karvasteleva vatsassasi, mutta suussasi se on oleva makea kuin hunaja." (Ilm. 10:7-9)

Tässä Ilmestyskirjan lainauksessa, kun seitsemäs pasuuna soi, ovat Karitsan häät päättymässä. Morsianta valmistetaan tuhatvuotisen valtakunnan aikaiseen palvelutehtävään: *he tulevat olemaan Jumalan ja Kristuksen pappeja ja hallitsevat hänen kanssaan ne tuhannen vuotta. (Ilm. 20:6)*

Laulujen Laulun morsian on täyttänyt Jumalan suunnitelman. Hän on käynyt kerubien vartioiman esiripun kautta takaisin paratiisiin. Hän on palannut tulena leimuavan miekan ohjaamana elämän puun yhteyteen. *Että minun havaittaisiin olevan hänessä ja omistavan, ei omaa vanhurskautta, sitä, joka laista tulee, vaan sen, joka tulee Kristuksen uskon kautta, sen vanhurskauden, joka tulee Jumalasta uskon perusteella; tunteakseni hänet ja hänen ylösnousemisensa voiman ja hänen kärsimyksiensä osallisuuden, tullessani hänen kaltaisekseen samankaltaisen kuoleman kautta. (Fil. 3:9,10)*

Morsiamen henki ja sydän, sielu ja mieli ovat yhtä Pyhän Hengen kanssa. Morsian on hääpuvussaan Ylkänsä kaltainen.

Jeesus sanoo: *"Joka voittaa, sen minä teen pylvääksi Jumalani temppeliin, eikä hän koskaan enää lähde sieltä ulos, ja minä kirjoitan häneen Jumalani nimen ja Jumalani kaupungin nimen, sen uuden Jerusalemin."* (Ilm. 3:12)

Ylkä morsiamelle
4:11b Sinun vaatteittesi tuoksu
on kuin Libanonin tuoksu.

Morsian katselee nyt suitsutusalttarin äärellä temppelinsä kaikkein pyhimpään. Armoistuin, *appiryōn*-kantotuolin kultainen istuin, hahmottuu morsiamen hengessä suitsukekukkulaksi (*levonā*). Erämaan tulen herättämät salaperäiset kauppiaan hajujauheet (3:6) ovat nyt tunnistettavissa. Morsian sai Libanonin (*levānōn,* לְבָנוֹן) tuoksut mirhavuorelta. Vuoriston huipuilla vaatteisiin tarttuivat Libanonin puhtaus ja raikkaus, pyhyys ja vapaus. *Iloitkaamme ja riemuitkaamme ja antakaamme kunnia hänelle, sillä Karitsan häät ovat tulleet, ja hänen vaimonsa (gyne), morsiamensa (nymfe) on itsensä valmistanut. Ja hänen annettiin pukeutua liinavaatteeseen, hohtavaan ja puhtaaseen: se liina on pyhien vanhurskaus. (Ilm. 19:7,8)* Libanonin tuoksu on uuden luomuksen vanhurskauden ilmaus.

Libanon (*levānōn*) johtaa ajatukset suitsutusalttariin ja suitsukekukkulaan (suitsuke, *levonā*), jota morsian lähestyy hengessään. (4:6) Meidän on kuitenkin vielä syytä huomioida Jerusalemin temppelissä käytetty suitsuke (*qetorɛt,* קְטֹרֶת). Poikkeuksellisesti suitsukealttarin suitsuke ei ole yleinen Libanonin tuoksu *levonā* vaan *qetorɛt.* Kun esirippu on repeytynyt, *qetorɛt*-suitsuke täyttää kaikkein pyhimmän ja myös temppelin pyhän – hengen ja sielun. Kyseinen suitsuke on lihalle kuolettavan myrkyllistä. Sen tähden lihan esirippu ei kestänyt mirhavuoren jälkeistä Jumalan pyhyyden ja puhtauden läsnäoloa, morsiamen hääasua. (Hepr. 10:20)

Tästä meille kertoo sana *qetorɛt* itse radikaaliensa kautta.

"Tie on nyt jäänyt taakse. Prosessit on saatettu loppuun. Morsian on tullut viimeiselle, seitsemännelle portille. Esirippu on lopullisesti revennyt auki (*qof,* takaraivo). On tapahtumassa merkittävä käänne morsiamen elämässä (*ṭēt,* käärme). Jeesus on nyt Ylkänä hänen korkein auktoriteettinsa (*rēš,* pää). Ristin työ on sinetöinyt alkuperäisen avioliittosopimuksen. (1:12-14) Ylkä ja morsian ovat yhtä. Omistusoikeus on vaihtunut. Morsian on Ylkänsä oma. Morsian allekirjoitti kihlauksen yhteydessä avioliittosopimuksen, kun hän hyväksyi mielessään sidotun mirhakimpun rintojensa väliin. (1:13) Nyt suitsukkeen viimeinen radikaali *tāw* merkitsee lopullista sopimuksen allekirjoittamista; *vanha on kadonnut, ja uusi on sijaan tullut* (*tāw,* risti ja *qof,* jättää taakseen *).*"

Muistakaamme edelleen, kaiken aikaa, että morsian itse on tämä temppeli, Jumalan ilmestymisen maja. Tätä majaa on rakennettu aina kihlauksesta lähtien. Sielu ja henki ovat nyt avoimessa yhteydessä keskenään. Mieli ja sydän voivat vaivattomasti vaihtaa ajatuksia, kun esirippu on välistä poissa. Jumalan puhe on morsiamelle mesi ja maito hänen kielensä alla.

Armoistuin on Jeesuksen valtaistuin hengessä, kultainen istuin kuningas Salomon kantotuolissa. Kun Jeesus saa morsiamen hengessä ja sielussa täydet valtuudet, Hänen tuoksunsa täyttää temppelin, ja Kristus ilmestyy. Hän on Pyhän Hengen voitelu, joka johtaa kaikkeen totuuteen.

Vaatteet tarkoittavat ihmisen persoonaa, uuden luomuksen ja ihmisen persoonan yhteen sulautumaa. Vastaavasti ihmisen kasvot merkitsevät hänen persoonansa ilmentymää. Silmät ovat sielun peili. Libanonin tuoksu morsiamen vaatteissa tarkoittaa, että kauppiaan hajujauheet vapautuvat. Ne kumpuavat nyt morsiamen hengestä. *Ja Maria otti naulan oikeata, kallisarvoista nardusvoidetta ja voiteli Jeesuksen jalat ja pyyhki ne hiuksillaan; ja* **huone tuli täyteen voiteen tuoksua**. *(Joh. 12:3)* Maria vuodatti koko elämänsä Jeesuksen jalkoihin.

Myös Paavali kirjoittaa Libanonin tuoksuista morsiamen vaatteissa:
> *Kiitos olkoon Jumalan, joka aina kuljettaa meitä voittosaatossa Kristuksessa ja meidän kauttamme joka paikassa tuo ilmi hänen tuntemisensa tuoksun. (2. Kor. 2:14)*

ETTÄ HE YHTÄ OLISIVAT

Moni kyselee nyt, että voiko tämä olla totta. Voimmeko tosiaan saavuttaa jo täällä ajassa täydellisyyden? Ajatus "armahdetusta syntisestä", mikä merkitsee pelastuksen evankeliumia, riittää monelle. Mutta ristin evankeliumi synnyttää täydellisen morsiamen, jossa ei ole ainoatakaan virhettä. (4:7)

Jeesus sanoo: *"Ettekö usko, että minä olen Isä***ssä** *(en, ἐν), ja että Isä on minu***ssa** *(en)?"* (*Joh. 14:10*) Kreikankielen prepositio *en* tarkoittaa suomenkielen inessiiviä (sisäolentoa). Isä ja Poika ovat sisäkkäin toinen toisissaan. Tämä on mahdollista henkiruumiille. Kun morsiamen lihan esirippu on nyt repeytynyt, hänkin on yhtä (lukusana *hen, ἕν*) Kristuksen Jeesuksen kanssa: Kristus hänessä (*en*) ja hän hengessään Kristuksessa (*en*) – sisäkkäin. *Että he kaikki olisivat* **yhtä** *(hen), niin kuin sinä, Isä, olet minu***ssa** *(en) ja minä sinu***ssa** *(en), että hekin mei***ssä** *(en) olisivat, niin että maailma uskoisi, että sinä olet minut lähettänyt.* (*Joh. 17:21*)

Näiden Jeesuksen sanojen mukaan, hän edellyttää, että me morsiussieluina olisimme myös keskenämme **yhtä** (*hen;* yksi) – hengessä sisäkkäin. *Kaikki minun omani ovat sinun, ja sinun omasi ovat minun – ja minä olen kirkastettu heissä (en).* (*Joh. 17:10*) Ja mitä kihlattu morsian sanoikaan ennen tulikastetta; *rakkaani kuuluu minulle, ja minä kuulun hänelle.* (*2:16*) Morsiamena hän on Ylkänsä oma.

Jakeissa Joh. 17:21-23 Jeesus käyttää kymmenen kertaa prepositiota *en.* Hän päättää ylipapillisen rukouksensa näihin sanoihin: olla yhtä, olla sisäkkäin (*hen, en*).

Vastauksena kysymykseen meidän täydellisyydestämme jo täällä ajassa, Jeesus ilmaisee tahtonsa Johanneksen evankeliumin jakeessa 17:23:

*Sen kirkkauden, jonka sinä minulle annoit, minä olen antanut heille, että he olisivat **yhtä**(hen), niin kuin me (Isä ja Poika) olemme **yhtä** (hen) – minä hei**ssä** (en), ja sinä minu**ssa** (en) – että he **olisivat täydellisesti yhtä** (eis hen, εἰς ἕν). (Joh. 17:22,23)*

Kun Isä ja Poika ovat yhtä (*hen*), he ovat sisäkkäin. Jeesus rukoilee, että mekin olisimme täydellisesti (*teleioō, τελειόω*) yhtä (*eis hen*), sisäkkäin. Verbi *teleioō* tarkoittaa: saattaa päätökseen, tehdä täydelliseksi, (pass.) tulla täydelliseksi. Tässä yhteydessä verbin kieliopillinen muoto on passiivin partisiippi. Sanatarkka käännös kuuluu, että he olisivat täydellistyneinä yhdeksi (interlin.), toisin sanoen, että he olisivat täydellisiksi tulleina yhtä (sisäkkäin; *eis hen*).

Tässä päätösjakeessa Jeesus käyttää lisäksi toista prepositiota – *eis, εἰς*. *Eis* vastaa suomenkielen illatiivia (sisätulentoa). Prepositio viittaa Laulujen Laulun prosesseihin. Hyvän Paimenen johdolla morsian siirtyy sisälle temppelinsä kaikkein pyhimpään (illatiivi) ja jää sinne asumaan (inessiivi). Näin morsian on jo hengellisesti täydelliseksi tulleena Kristuksessa – hengessään sisäkkäin Jeesuksen kanssa. Tämän tähden Ylkä voi sanoa morsiamestaan: "Kaikin olet kaunis, armaani, ei ole sinussa ainoatakaan virhettä." *Minä puhun tätä maailmassa, että heillä olisi minun iloni täydellisenä (plēroō, πληρόω) heissä itsessään. (Joh. 17:13)*

Plēroō tarkoittaa Kristuksen Jeesuksen täydellisyyttä ja *teleioō* morsiamen täydellisyyttä.

Niin kuin Jeesus rukoilee ylipapillisessa rukouksessa morsiamen täydellisyydestä, samoin Paavali kirjoittaa kolossalaisille:

Niin kuin te siis olette omaksenne ottaneet Kristuksen Jeesuksen, Herran, niin vaeltakaa hänessä, juurtuneina häneen ja hänessä rakentuen ja uskossa vahvistuen, niin kuin teille on

opetettu; ja olkoon teidän kiitoksenne ylitsevuotavainen...
Sillä hänessä asuu jumaluuden koko **täyteys** *(plēroō) ruu-*
miillisesti, ja te olette **täytetyt** *(plēroō) hänessä (en).* Toisin
sanoen: *teidät* **on tehty täydellisiksi hänessä** *(interlin.).* (
Kol. 2:6,7,9,10)

4.7 MORSIAN SIIRTYY SISÄLLE MORSIUSKAMMI-OON

Ylkä morsiamelle
4:12 Suljettu yrttitarha on siskoni, morsiameni,
suljettu kaivo, lukittu lähde.

Yrttitarha on suljettu häätalon morsiuskammio, jossa morsian odottaa Ylkää. Hän on saapunut "äitini talosta" (4:8) kantajansa kammioon. (Liite 1)

Ylkä kutsuu morsianta kolmannen kerran "siskoksensa, morsiameksensa". Morsian on löytänyt yrttitarhana identiteettinsä Kristuksessa Jeesuksessa. Morsiuskammiossa hän on Kristuksessa ja odottaa Ylkää saapuvaksi. "Siskoni" kertoo syntyperästä. Morsian on syntynyt samasta kohdusta Jeesuksen kanssa. "Morsiameni" tarkoittaa hengellistä asemaa Yljän rinnalla; *hän on minun omani ja minä hänen omansa.*

Esirippu on aiemmin jakanut temppelin ja estänyt yhteyden hengen ja sielun välillä. Esiripun tähden hengen toiminnassa on ilmennyt aiemmin rajoittuneisuutta; yrttitarha, kaivo ja lähde ovat suljettuja. Kun esirippu repeytyy, ja morsian käy sisälle, alkavat maaperän – hengen ja sydämen – runsaat pohjavedet välittömästi liikehtiä. Morsian voi tuntea, kuinka paine hengessä kohdistuu hänen mieleensä kuin lähteen lukitukseen. Kaivo ja lähde kertovat maanalaisista vesivarannoista (*Piison*-virrasta). Kaivo ja kaivon vesi kuvaavat elävää Sanaa syvällä hengessä. Maanalaiset vedet purkautuvat maanpinnalle lähteen kautta. Niin myös elävä Sana hakeutuu mielen alueelle ja hunajaksi huulille.

Vedet etsivät purkautumistietä. Mesi ja maito ovat hänen kielensä alla. Mutta kaikki on suljettuna kantotuolin verhon taakse. Kristuksen salaisuus on salaisuutta hengessä.

Morsian on astunut kuninkaalliseen pappeuteen. Hengellinen pappeus alkaa viinimajasta (2:4). Kuninkaallinen papisto elää kaikkein pyhimmässä. (4:8-14)

Suusanin (lilja) linnassa etsittiin uutta kuningatarta. Juutalainen Hadessa oli valittujen joukossa. Hadessa (Ester) miellytti Heegaita, vaimojen vartijaa (Pyhää Henkeä). Nuoret naiset saivat kuusi kuukautta mirhahoitoa (liljaprosessi). Sen jälkeen heitä hoidettiin kuusi kuukautta hajuaineilla (*bōsæm*, persimonibalsamilla) Balsamihoito tarkoitti morsiusprosessia. Kun kaunistettu tyttö meni kuninkaan luo, hän sai ottaa mukaansa jotain omaa, jotain hänelle merkittävää. Kun tuli Esterin vuoro, hän ei ottanut mukaansa mitään omaa, vaan ainoastaan sen, mitä Heegai (Pyhä Henki) hänelle neuvoi. *Ja Ester tuli kuninkaalle kaikkia muita naisia rakkaammaksi ja sai hänen edessään armon ja suosion ennen kaikkia muita neitsyitä, niin että tämä pani kuninkaallisen kruunun hänen päähänsä. (Est. 2:17)*

Ylkä morsiamelle
**4:13 Sinä versot kuin paratiisi, jossa on
granaattiomenia ynnä kalliita hedelmiä;
koofer-kukkia ja narduksia.**

Morsian on palaamassa hengellisessä elämässään takaisin Eedenin paratiisin kaltaiseen elämään; hän versoo (*šlḥ*, שלח) nyt kuin paratiisi (*pardēs*, פַּרְדֵּס). Verbi *šlḥ* viittaa Siiloan hiljaisiin vesiin, jotka ravitsevat morsiamen jo ennestäänkin hedelmällistä maaperää, hänen Yljälle altista mielenlaatuaan.

Syntiinlankeemuksen jälkeen Jumala karkotti ihmisen paratiisista. Ihminen kadotti yhteyden Jumalaan ja elämän puuhun. Hänestä tuli liha, joka on oman elämänsä herra. Näin syntyi lihan esirippu sielun ja hengen välille. Liha erottaa temppelin pyhän kaikkein pyhimmästä. Ilmestysmajan esirippuun kirjailtiin kerubit. Ne vartioivat elämän puun tietä.

Jeesus, joka on itse elämän puu, raivasi esikoisena meille tien esiripun, se on oman lihansa, kautta kaikkein pyhimpään – takaisin paratiisiin. Morsiussielu raivaa vastaavasti tien Hyvää Paimenta seuraten hänkin oman lihansa esiripun kautta temppelinsä kaikkein pyhimpään. Tämä tapahtuu Laulujen Laulun osoittamien prosessien avulla. Ja välkkyvä, leimuava miekka – Jumalan elävä Sana – osoittaa tien takaisin elämän puun luokse.

Sana *pardēs* esiintyy Raamatussa ainoastaan kolme kertaa. Sana tarkoittaa "kuninkaan puutarhaa". Nehemia mainitsee kuninkaallisen puiston (*pardēs*) vartijat. (Neh. 2:8) *Ja kuningas Salomo laittoi itselleen puutarhoja ja puistoja (pardēs) ja istutti niihin kaikkinaisia hedelmäpuita. (Saar. 2:5)*

Kun morsiamen esirippu on nyt repeytynyt, hänen sielunsa ja henkensä tavoittavat toisensa. Morsiamen hengellinen elämä vapautuu. Elämän veden virta täyttää hänen sisimpänsä juoksullaan. Maaperä versoo paratiisinomaisen kasvitarhan. Hengen hedelmät ilmaantuvat jalona kasvustona, luonnon parhaimpana antina. Granaattiomenain siunaus täyttää morsiamen sisimmän. Hänen mielensä ammentaa Kristuksen salaisuuksia hengestä. Morsiuskammion hiljaisuudessa vallitsee sapatin lepo ja luottavainen odotus. Morsiamen hinta – koofer ja nardus – on maksettu kokonaan ja runsaasti: *koofer-kukkia ja narduksia.* (1:12-14) Risti eli mirhakimppu on vapauttanut narduksen. Mirhaa ei mainita tässä yhteydessä enää lainkaan kooferin ja narduksen rinnalla. Onhan kysymys uudesta luomuksesta, *appiryōn*-kantotuolista. Morsian lähestyy armoistuinta pellavaiseen hääasuun pukeutuneena.

Kuninkaan pöytä (1:12) rakentuu täydelliseksi.

Kauppiaan hajujauheet tunnistetaan.

Ylkä morsiamelle
4:14 Nardusta ja sahramia,
kalmoruokoa ja kanelia
ynnä kaikkinaisia suitsukepuita,
mirhaa ja aloeta
ynnä kaikkinaisia parhaita balsamikasveja.

Olemme Laulujen Laulun keskeisimmässä jakeessa. Jaetta 4:14 edeltää 58 ja sitä seuraa 58 jaetta. Myös hengelliseltä merkitykseltään jae on Laulujen Laulun melodian huipentuma. Meille yksinkertaisesti kerrotaan jakeessa pappeuden palveluasu ja varustus. Yleinen pappeus alkaa polttouhrialttarilta. (2:3,4) Tie kulkee kastealtaan kautta temppelin pyhään. Ainoastaan ylipapilla on lupa mennä sisälle kaikkein pyhimpään. Morsiussielu käy Kristuksessa oman esirippunsa läpi kuninkaalliseen pappeuteen. (3:5, 4:11)

Ylipapin pellava-asu esitellään meille kauppiaan hajujauheilla. Nyt nimetään jokainen niistä. Tuoksut noudattavat nekin lilja- ja morsiusprosessien kulkua. Jokaisella tuoksulla on oma asemansa pappeuden palveluasussa. Morsian on syvästi hengellinen. *Hengellinen ihminen tutkistelee kaiken, mutta häntä itseään ei kukaan kykene tutkistelemaan.* (*1. Kor. 2:15*) Ylipapin hengellistä pukeutumista kuvataan yhdeksällä tuoksulla – koofer mukaan lukien. Yhdeksän on Jumalan työn loppuun saattamisen luku, ja kyseinen luku merkitsee myös loppuarviointia. Jos suitsukepuissa (*levonā*) huomioidaan neljä korkeasti pyhän suitsukkeen aineosaa, tuoksuja on kaikkiaan kaksitoista. Luku kaksitoista tarkoittaa seitsemän ohella hengellistä täydellisyyttä. Kaksitoista on Jumalan omaisuuskansan eli tässä yhteydessä myös morsiamen luku; *morsian on Ylkänsä oma (2:16).*

Morsian on pukeutunut pellavaiseen hääasuun – hienoimpaan aivinapellavaan. Hänessä on Libanonin kirkkaus ja tuoksu.

MIKSI HÄNEN ASUNSA ON PELLAVAA?

Pellavan valmistusprosessi on monivaiheinen tapahtumaketju. Se noudattaa täsmälleen Laulujen Laulun lilja- ja morsiusprosessien järjestystä. Raamatussa pellavakangas on hengellisesti arvokkainta – purppuraan verrattavaa, jos ei sen ylikin. Ilmestysmajan papisto, varsinkin ylimmäinen pappi, olivat pukeutuneet pellavaan. (2. Moos. 39:27,28) Myös morsiamen juhla-asu Karitsan häihin on pellavaa. *Ja hänen annettiin pukeutua pellavavaatteeseen (byssos, βύσσος; pellavaan), hohtavaan ja puhtaaseen: ja se pellavavaate (byssos; pellava) on pyhien vanhurskaat teot. (Ilm. 19:8)*
Hääasuinen morsin on kulkenut seitsemän portin kautta temppelinsä kaikkein pyhimpään. Tie temppelin sisälle kulkee kolmen esiripun, uutimen, kautta. Temppelin esiripuista Mooses kirjoittaa: *Tee asumuksen "katto"... Tee esirippu punasinisistä, purppuranpunaisista (sinipunaisista) ja helakanpunaisista langoista ja kerratuista valkoisista pellavalangoista; ja tehköön siihen taidokkaasti kudottuja kerubeja. (2. Moos. 26:1,31,36; 27:16)* Morsiusprosessi kuvataan purppuran sinisen värin vaihtumisena punaiseen. Helakanpunainen viittaa Jeesuksen vereen ja valkoinen pellava vanhurskaaseen, hohtavaan ja puhtaaseen pappeuden juhla-asuun.
Näin ollen temppelin sisälle – pyhään ja kaikkein pyhimpään – ei ole pääsyä ilman hengellistä kasvuprosessia, ilman että vanha luomus sidotaan, ristiinnaulitaan. Lihan kuolemanprosessista kertovat tie ja kolme esisrippua. Tästä tiestä Jeesus puhuu, kun hän sanoo, että hän on tie.

Kaksi kertaa mainittu sana "kaikkinainen" (*kol,* kaikki, jokainen) ansaitsee erityisen huomion. Sillä kantaverbi *kll* "tekee täydelliseksi kauneudessa"; *rakentajat tekivät sinun kauneutesi täydelliseksi (kll). (Hes 27:4)* Verbin johdannaisista *kalil* tarkoittaa kokonaan poltettavaa uhria, polttouhria. Muistamme, kuinka morsiamenkin hääasuun pukeutuminen alkoi temppelin esipihan polttouhrialttarilta. (2:3) Niinpä verbin johdannaisista *makulim* tarkoitaakin juhla-asua eli tässä hääasua.

Jakeesta (4:14) hahmottuu kolme tuoksuryhmää, joiden esikuvallisuus on tunnistettavissa ilmestysmajan pyhässä ja kaikkein pyhimmässä. Tuoksut ennakoivat jo morsiamen tulevaa kuninkuutta, pappeutta ja yhteyttä Jumalan valtaistuimelle.

> *"Karitsa, joka on teurastettu... on tehnyt heidät meidän Jumalallemme kuningaskunnaksi ja papeiksi, ja he tulevat hallitsemaan maan päällä." (Ilm. 5:12,10)*

4.8 KUNINKAALLISEN PAPPEUDEN PALVELUASU

Te olette valittu suku, kuninkaallinen papisto, pyhä heimo, omaisuuskansa, julistaaksenne sen jaloja tekoja, joka on pimeydestä kutsunut teidät ihmeelliseen valkeuteensa. (1. Piet. 2:9)

Suitsukekukkula (4:14) muodostaa suuren kolmikerroksisen kiasmin. Kiasmin pohjakerros koostuu Jumalan kolminaisuuden tuoksuista: **koofer** (veri), **nardus** (elävä Jeesus), **sahrami** (Isä) ja **persimonibalsami** (Kristus). Jumalan suunnitelma on lähtöisin Isästä (sahrami). Ja Kristus Jeesus toteuttaa suunnitelman Yljästä ja morsiamesta.

Kiasmin toinen kerros muodostuu temppelin korkeasti pyhästä voiteluöljystä (2. Moos. 30:23-25): **kalmoruoko** (veri), **kaneli** (uusi luomus), **mirha** (risti) ja **aloe** (uuden ylösnousemus). Kaneli ja kassia tarkoittavat voiteluöljyssä uutta - ja vanhaa luomusta. Mutta koska liha on kuollut prosesseissa, aloe korvaa kassian. Suitsukekukkulan kerrokset kertovat prosessien etenemisestä.

Kiasmin huipulle asettuu korkeasti pyhä suitsuke (2. Moos. 30:34,35): **tuoksukumi** (veri), **suitsuke** (*levonā*, uusi luomus), **simpukankuori** (risti) ja **hajupihka** (persimonibalsami ja Kristuksen ylösnousemisen tuoksu).

Koofer	Jumalan suunnitelma
Nardus	Suunnitelma käynnistyy
Sahrami	Morsiussielun kutsuminen
Balsami	Ensirakkaus
Kalmoruoko	Ongelmana musta mutta ihana
Kaneli	Ottakaa ristinne ja seuratkaa
Mirha	Liljaprosessi, Kasteen hautaan

Laulujen Laulu

Aloe	Morsiusprosessi, Ylösnousemus ja autuus
Tuoksukumi	Kristuksen täyteen tuntemiseen
Suitsuke	Kristuksen morsian
Simpukankuori	Morsian pukeutuu Herran voimaan
Hajupihka	Lahjana sapatinlepo

Nämä tuoksut pitävät yhtä Ilmestyskirjan morsiamen kuvauksen kanssa: kaksitoista tuoksua ja kaksitoista jalokiveä. (Ilm. 21:18-20) Jaspismuurin perustassa on kaksitoista jalokivikerrosta. Kysymys on hengellisen kasvuprosessin eli pyhityksen asteista, askelista. Kullakin tuoksulla ja jalokivellä on oma, tarkasti määräytyvä ja yhtäpitävä paikkansa ja tehtävänsä pyhitysprosesseissa. Ymmärrettävästi lilja- ja morsiusprosessit muodostavat Kristuksen taivaallisen morsiamen hengelllisen elämän perustuksen. Jaspismuuri – morsiamen hengellinen elämä – rakentuu kivijalan perustalle, kivijalan, joka koostuu jalokivistä. Ilman tuoksuja ja jalokiviä ei voi olla Karitsan vaimoa (*gynē*, γυνή) eikä morsianta (*nym-fe*, νύμφη). Tuoksujen ja jalokivien sisältämän prosessin kautta meillä on pääsy uuteen Jerusalemiin. Tuoksut ovat hääasun tuoksuja ja Kristuksen balsamituoksujen koko rikkaus – ikuisesti kestävä.

Hän näytti minulle pyhän kaupungin, Jerusalemin, joka laskeutui alas taivaasta Jumalan tyköä, ja siinä oli Jumalan kirkkaus; sen hohto oli kalleimman kiven kaltainen, niin kuin kristallinkirkas jaspiskivi. (Ilm. 21:10,11)

Ylkä morsiamelle
4:15 Sinä olet yrttitarhojen lähde,
elävien vetten kaivo,
Libanonilta virtaavaisten.

Morsiamen sisin on täynnä suitsukekukkulan tuoksuja. Hän versoo (*šlḥ*) ikään kuin paratiisin parhaita hedelmiä. Siiloan (lähetetty) hiljaa virtaavat vedet aktivoituvat. (Jes. 8:6) Kantaverbi *šlḥ* tarkoittaa, että Jeesus on päästämässä vedet vapaasti virtaamaan. Ylkä ilmaisee morsiamelle, että hän on avaamassa nyt yrttitarhaansa.

Kun morsian astui yrttitarhana morsiuskammioon (4:12) hänen kaivonsa (henkensä, *gal*, גַּל) oli lukittu ja lähteensä (suunsa) suljettu. Hepreankielen sana *gal* kertoi tällöin laajoista pohjavesimassoista, elävän Sanan runsaista varastoista morsiamen hengessä. *Sinun rauhasi olisi niin kuin virta ja sinun vanhurskautesi niin kuin meren aallot (gal,* גַּל *). (Jes. 48:18)* Nyt Jeesus on vapauttamassa nämä Siiloan runsaat pohjavedet.

Libanon tarkoittaa Jumalan läsnäoloa, Jumalan valtakuntaa. Libanonilta laskeutuu kaksi jokea: Abana virtaa Amanalta itään ja Hermonilta Jordan etelään. Molemmilla virroilla on suuri hengellinen merkitys. Mainittuja jokia voidaan perustellusti pitää Piisonin, elämän veden virran, esikuvana. Ne ovat Pyhän Hengen virtauksia, jotka ilmenevät morsiamen hengessä Pyhän Hengen voiteluna; mesi ja maito ovat hänen kielensä alla. Libanonilta laskeutuvat virrat nostattavat painetta morsiamen sisimmässä. Verbi virrata (*nzl*, נזל) merkitsee tulvavesiä, jotka vyöryvät yli äyräidensä.

Minä vuodatan vedet janoavaisen päälle ja virrat (nzl) kuivan maan päälle. Minä vuodatan Henkeni sinun siemenesi päälle ja siunauksen sinun vesojesi päälle niin, että ne kasvavat nurmikossa kuin pajut vesipurojen partaalla. (Jes. 44:3,4)

Jakeessa 4:12 kaivo (*gal*) merkitsi runsaita pohjavesiä kuin meren aallot. Tässä yhteydessä Ylkä käyttää kaivosta hepreankielen sanaa *be'er* (בְּאֵר). *Be'er* tarkoittaa sanan *gal* pohjavesiä, joita morsian voi tästä lähtien ammentaa hengestään (*be'ēr*). Kantaverbi *b'r* (באר) ilmaisee opettamista, Sanan selittämistä. Ja tämän tähden hunaja on morsiamen huulilla.

Tässä jakeessa Jeesus mainitsee lähteen ennen kaivoa. Painopiste siirtyy näin ollen morsiamen huulille. On tullut aika avata morsiamen sydän – sen mesi ja maito. Morsiamen hunajaa tiukkuvien huulten kautta tulee virtaamaan opetuksen sanat yrttitarhoille. *Minä puhkaisen purot kalliokukkuloihin, lähteet laaksojen pohjiin... hän puhkaisee kuohumaan (suihku)lähteen ja puron... hän kuohuttaa laaksoista (suihku)lähteet, jotka vuorten välillä vuotavat. (Jes. 41:18; Ps. 74:15; 104:10)* Vuoret ja kalliokukkulat tarkoittavat Jumalan valtakunnan ja Yljän läsnäoloa.

MIKSI JEESUS POIKKEAA SAMARIAAN?

Samariassa syntinen nainen saapui kaivolle ja kohtasi Jeesuksen. Jeesus oli matkalla Jerusalemista Galileaan. Historiallisista syistä juutalaiset ja samarialaiset eivät sietäneet toisiansa.

Miksi siis Jeesus pysähtyi Sykarin kaivolle?

Jeesus oli aloittamassa toimintaansa. Kaanan häissä hän ilmaisi olevansa Ylkä, joka etsii morsianta. (Joh. 2:1-11) Sen jälkeen hän kertoi Jerusalemissa Nikodeemukselle toimintasuunnitelmansa: uudestisyntymisen välttämättömyyden sekä vedestä ja Hengestä syntymisen tarpeellisuuden (Joh. 3:3,5). Samarialaiset olivat juutalaisten ja pakanoiden muodostama sekakansa. Sykarin kaivolla Ylkä kohtasi näin ollen tulevan vaimonsa (*gynē*, juutalaiset) ja morsiamensa (*nymfē*, pakanat). Kaivolla Jeesus ilmaisi syntiselle naiselle ensimmäisenä, että hän on odotettu Messias. (Joh. 4:26)

Jeesus sanoi naiselle: *"Jokainen, joka juo tätä vettä, janoaa jälleen, mutta joka juo sitä vettä, jota minä hänelle annan, se ei ikinä janoa; vaan se vesi, jonka minä hänelle annan, tulee hänessä sen veden lähteeksi, joka kumpuaa iankaikkiseen elämään."* Nainen sanoi hänelle: *"Herra, anna minulle sitä vettä."* Nainen kutsui tämän jälkeen kaupunkilaiset kaivolle. Ja monet samarialaiset siitä kaupungista uskoivat häneen naisen puheen tähden. Jeesus viipyi heidän luonaan kaksi päivää. Ja vielä paljon useammat uskoivat Jeesukseen Hänen itsensä sanan tähden, ja he sanoivat naiselle: *"Emme enää usko sinun puheesi tähden, sillä me itse olemme kuulleet ja tiedämme, että tämä totisesti on maailman Vapahtaja."* (*Joh.4:13,14,41,42*)

Kun Jumalan suunnitelma on toteutunut, tapaamme morsiamen ja Karitsan vaimon jälleen yhdessä. Enkeli sanoi Johannekselle: *"Tule, minä näytän sinulle morsiamen (nymfē), Karitsan vaimon (gynē)."* (*Ilm. 21:9*)

(Eri käsikirjoituksissa esiintyvät sanat *gyne* (vaimo) ja *nymfe* (morsian). Jakeisiin, joissa puhutaan Karitsan häistä, kuuluvat molemmat vaihtoehdot: vaimo ja morsian – Ilm. 19:7; 21:9)

Morsian Yljälle
4:16 Heräjä, pohjatuuli, tule, etelätuuli;
puhalla yrttitarhaani,
että sen balsamituoksut tulvahtaisivat.
Tulkoon puutarhaansa rakkaani
ja syököön sen kalliita hedelmiä.

Laulujen Laulun melodia on nyt saamassa uuden soinnin. Morsiuskammio on avautumassa. Morsian tunnistaa Hengen liikehdinnän hengessään. Uusia ajatuksia, näkyjä nousee mielen alueelle. Hän tiedostaa, kuinka Ylkä on avaamassa ovia uuteen. Morsian ymmärtää, että yksinäisyyden, hiljaisuuden ja odotuksen aika on päättymässä. Verbi "herätä" tarkoittaa liikkeelle kutsua, ja "tulla" merkitsee siirtymistä uuteen tilanteeseen. Hän käyttää käskymuotoa, imperatiivia: heräjä pohjoinen, tule etelä! Morsian itse asiassa kysyy Yljältä, eikö nyt olisi jo aika päästää tuoksut valloilleen.

Morsian kutsuu pohjoista. Pohjoisesta hän odottaa Jumalan kirkkauden ilmestymistä. *Ja minä näin, ja katso:* **myrskytuuli tuli pohjoisesta,** *suuri pilvi ja leimahteleva tuli ja pilven ympäröitsi hohde, ja tulen keskeltä näkyi ikään kuin hehkuvaa malmia, keskeltä tulta. Ja tulen keskeltä näkyivät neljän olennon hahmot... Olentojen pyörät olivat näöltään ja teoltaan kuin krysoliitti... ja niiden kehät olivat silmiä täynnä... ja olentojen henki oli pyörissä... Sen kaltainen oli katsoa* **Herran kirkkauden hahmo.** *(Hes. 1:4-28)*

Tässä vaiheessa armolahjat puhkeavat luotettavasti toimimaan. Silmät pyörien kehissä kertovat syvästä hengellisestä näkökyvystä ja ymmärryksestä. Pyhän Hengen johto pyörissä tulee varmaksi ja luotettavaksi lukuisten silmien tähden. Herran kirkkauden hahmo on ollut havaittavissa morsiamen olemuksessa jo Libanonilta lähtien. Mutta hän janoaa lisää, sillä Kristuksessa ovat kaikki tiedon ja viisauden aarteet kätkettyinä.

Ja mitä morsian odottaa etelästä?

Jumala tulee Teemanista *(etelästä), Pyhä Paaranin vuorelta. Hänen valtasuuruutensa peittää taivaat, hänen ylistystänsä on maa täynnä. Hänen hohteensa on kuin aurinko, hänestä käyvät säteet joka taholle; se on* **hänen voimansa verho.** *(Hab. 3:3,4)*

Morsian tietää kokemuksesta, että omat voimat eivät riitä eivätkä kelpaa Jumalan työhön. Ennen yrttitarhan avautumista hän tässä pyytää Jeesukselta varustuksia työtä varten: pohjoisesta tulen hehkua ja Libanonin kirkkautta sekä etelästä Jumalan valtasuuruutta ja voimaa. Tule Jeesus ja puhalla (*pwḥ,* פוח) yrttitarhaani. Verbin *pwḥ* (puhaltaa) perusmerkitys on puhua. Puhaltaminen viittaa puhumiseen Hengen johtamin sanoin. Verbin radikaalien mukaan morsian sanoo Yljälle: "Puhu kauttani (*pε*, פֶּה, suu) suurella varmuudella (*wāw*, naula) siitä, mikä sisimpääni on kätketty (*ḥēt*, aitaus)."

Mitä sitten ovat kalliit hedelmät?

Morsian kehottaa Jeesusta syömään aivan ahmimalla yrttitarhansa kalliita ja parhaita mahdollisia hedelmiä (*perī mεgεd*, פְּרִי מֶגֶד). *Perī mεgεd* esiintyi jo jakeessa 4:13 – *kalliita hedelmiä: koofer-kukkia (veri) ja narduksia* (uusi luomus). Morsian yhdistää kalliit hedelmät tässä yhteydessä myös balsamituoksuihin (Kristukseen). Laulujen Laulun mukaan kalliit hedelmät ovat "Jeesuksen Kristuksen veren synnyttämät uudet luomukset, morsiussielut". Morsiussieluissa on balsamin tuoksu. Hedelmä (*perī*) tarkoittaa myös jälkeläistä. Samoin kantaverbi (*prh*, פרה) synnyttää jälkeläisiä.

Näin morsiamen mielessä on kalliiden sielujen pelastuminen, mutta myös Jerusalemin tyttäret, hänen morsiusneitonsa. Onhan hänen henkensä rakkaus kohdistettu juuri Jerusalemin tyttäriä varten. (3:10) Miksipä hänen balsamituoksunsa, suitsukekukkulan tuoksut, ovat enää suljettuina morsiuskammioon?

Tule jo Jeesus ja puhalla yrttitarhaani.

LIITE 1

ESIPIHA:
SANANLASKUT
"ELÄMÄN MONINAINEN
RIKKAUS JUMALASSA"
PYHÄ:
SAARNAAJA
"ELÄMÄN
TARKOITUS?"
KAIKKEIN PYHIN:
LAULUJEN LAULU
"RAKKAUS"
ESIPIHA:
JAKEET 1-7
PYHÄ
JAKEET
8-11
KAIKKEIN PYHIN
JAKEET 12-5:1
MORSIAN
YÖ
YÖ
YÖ
YÖ
MINÄ OLEN TIE TOTUUS ELÄMÄ
EI KUKAAN TULE ISÄN LUO MUUTOIN KUIN MINUN KAUTTANI
HENGELLINEN ELÄMÄ
LIHALLINEN ELÄMÄ
LUONNOLLINEN ELÄMÄ
LUKU 4
KAIKKEIN
PYHIN
RAKKAUS LÖYTYY
LUVUT 2,3
PYHÄ
LUVUT 1,2
ESIPIHA
TIE LÖYTYY
ELÄMÄ LÖYTYY

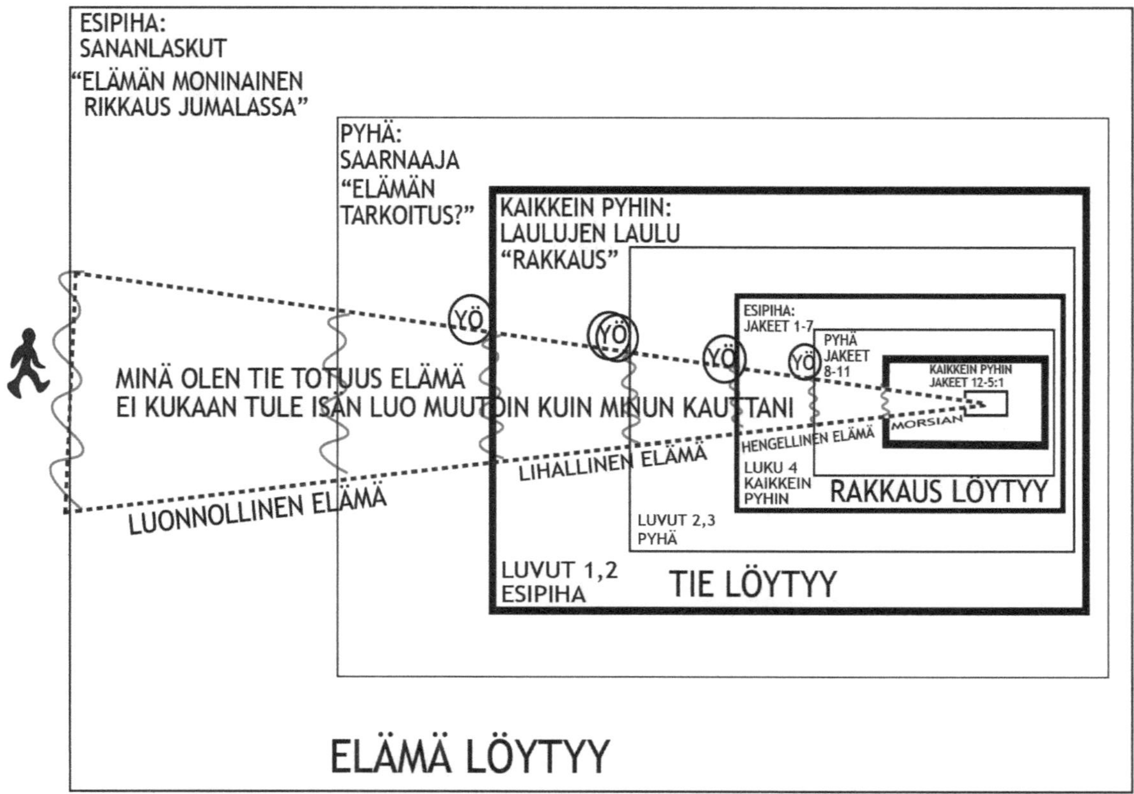

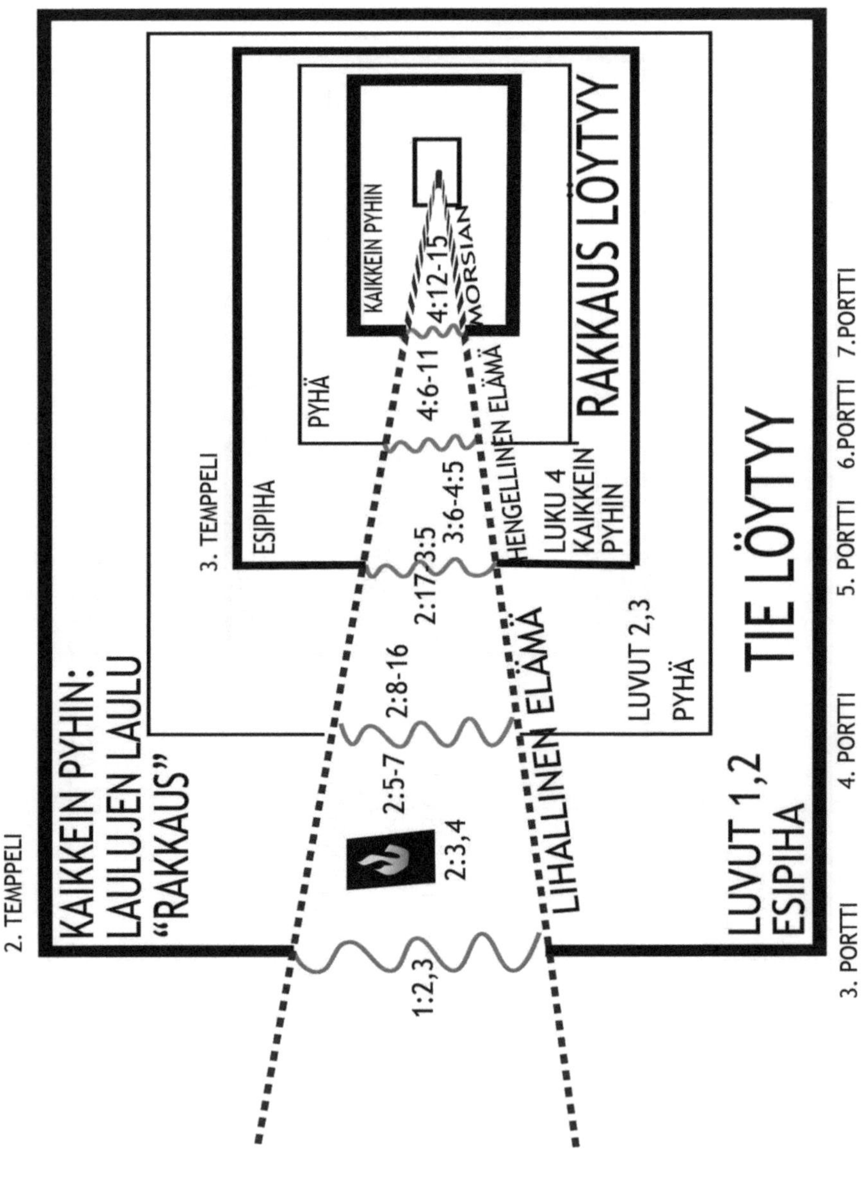

208
2. TEMPPELI
KAIKKEIN PYHIN:
LAULUJEN LAULU
"RAKKAUS"
3. TEMPPELI
ESIPIHA
PYHÄ
KAIKKEIN PYHIN
1:2,3
2:3,4
2:5-7
2:8-16
2:17-3:5
3:6-4:5
4:6-11
4:12-15
MORSIAN
HENGELLINEN ELÄMÄ
LIHALLINEN ELÄMÄ
LUKU 4
KAIKKEIN PYHIN
RAKKAUS LÖYTYY
LUVUT 2,3
PYHÄ
LUVUT 1,2
ESIPIHA
TIE LÖYTYY
3. PORTTI
4. PORTTI
5. PORTTI
6.PORTTI
7.PORTTI

LIITE 2

Viimeistelty **Salomon Laulujen Laulun** suomenkielinen käännösteksti. Perustekstinä on vuoden 33/38 käännös. Tarkennukset on kursivoitu. Kääntäjän kommentit erottuvat siten, että ne ovat eri fontilla, kuten väliotsikotkin

1. Luku

1:1 Salomon Laulujen Laulu

Uudestisyntyminen ylhäältä

Morsian Yljälle
1:2 Hän suudelkoon minua suunsa suudelmilla. Sillä sinun rakkautesi on suloisempi kuin viini.
Morsian Yljälle
1:3 Suloinen on voiteittesi tuoksu, vuodatettu öljy on sinun nimesi, sen tähden sinua nuoret naiset rakastavat.

Ensirakkauden aika

Morsian Yljälle
1:4 Vedä minut mukaasi!
Morsian Jerusalemin tyttärille
Rientäkäämme!
Morsian
Kuningas on tuonut minut kammioihinsa.
Morsian ja Jerusalemin tyttäret Yljälle
Me riemuitsemme ja iloitsemme sinusta, me ylistämme sinun rakkauttasi enemmän kuin viiniä.

Morsian Yljälle

Syystä he sinua rakastavat.

Ongelman esittely

Morsian Jerusalemin tyttärille

1:5 Minä olen musta, mutta ihana, te Jerusalemin tyttäret, kuin Keedarin teltat, kuin Salomon seinäverhot.

Pelastuksen evankeliumi

Morsian Jerusalemin tyttärille

1:6 Älkää katsoko sitä, että minä olen musta, päivän paahtama. Äitini pojat vihastuivat minuun, panivat minut viinitarhain vartijaksi – omaa viinitarhaani en vartioinut.

Morsiuslaulu alkaa: Ylkä saapuu kihlaamaan morsiamensa

Morsian Yljälle

1:7 Sano minulle sinä, jota sieluni rakastaa, missä laumaasi paimennat, missä annat sen keskipäivällä levätä. Miksi minä hunnutettuna joutuisin sinun toveriesi laumain luo.

Ylkä morsiamelle

1:8 Jos et sitä tiedä, sinä naisista kaunein, käy lammasten jälkiä ja kaitse vohliasi paimenten telttapaikoilla.

Ylkä morsiamelle

1:9 Tammaani, joka on faraon vaunujen edessä, sinut, armaani, vertaan.

1:10 *Himokkaat ovat sinun kasvosi kuparikäätyinensä, kaulasi simpukkanauhoineen.*

Alkukielen käyttämä verbi *'wh* tarkoitta himoitsemista. Salomo on lisännyt verbin alkuun radikaalin *nun,* joka on *ni'fal-*

210

verbimuodon tunnus. Tässä yhteydessä morsian kuulee Yljän sanovan hänestä, että **hän on himokas**. Miksi kuitenkin käännökset yleensä ymmärtävät, että "morsian on ihana"? Jos ensimmäinen radikaali *nun* käsitetään sanan ensimmäiseksi radikaaliksi, muodostuu verbi *n'h*. Ja tällöin morsian "on ihana".

Koska Ylkä käsittelee tässä yhteydessä morsiamen "musta mutta ihana"-ongelmaa, melodian mukainen valinta on "olla himokas".

Posket vaihtuvat kasvoiksi, sillä kasvot kuvaavat morsiamen persoonaa. Käytetty heprean sana *lehi* merkitsee Raamatun teksteissä: poskea, leukaluuta ja suupieliä. Posket liittyvät puhumiseen ja sanavarastoon. Mutta käädyt ympäröivät morsiamen kasvoja, ja kasvot kertovat hänen persoonastansa. Morsiamen käädyt ovat arkiset rauta- tai kuparikäädyt, jotka ilmentävät hänen lihallista luontoansa.

Wilhelm Gesenius näkee arvostetussa heprean kielen sanakirjassaan, että morsian on itse kasannut kaulallensa simpukoista koristenauhan. Kuparikäädyt ja simpukkanauha kaulalla pitävät yhtä ja kuvaavat lihallista, vanhaa luontoa.

Ylkä morsiamelle

1:11 Me teemme sinulle kultakäädyt *ynnä hopeasta helmet.*

Kihlaus ja morsiamen hinnan määrittely

Morsian

1:12 Kuninkaan istuessa pöydässään tuoksui minun nardukseni kaiken aikaa.

1:13 Rakkaani on minulle mirhakimppu, joka rintojeni välissä lepää.

1:14 Rakkaani on koofer-kukkaterttu Een-Gedin viinitarhoista.

Ylkä valmistaa kihlattunsa morsiamen hinnan vastaanotta-
mista varten

Ylkä morsiamelle
1:15 Katso, kaunis sinä olet, armaani, katso, kaunis olet, silmäsi
ovat kyyhkyläiset.
Morsian Yljälle
1:16a Katso, kaunis sinä olet, rakkaani.
Morsian Yljälle
1:16b Kuinka suloinen, kuinka vihanta on *lehtimajamme.*

Gesenius ehdottaa tähän yhteyteen vuoteen sijasta haurasta
lehtimajaa. Lehtimaja sopii hyvin Laulujen Laulun melodiaan.
Seuraava jae vahvistaa, että on alkamassa morsiamen hengelli-
sen temppelin rakentaminen.

Ylkä morsiamelle
1:17 Huoneittemme seininä ovat setripuut, kattonamme kypres-
sit.

2. Luku

Kihlattu morsian odottaa morsiamen hintaa

Morsian Yljälle
2:1 Minä olen Saaronin *lilja,* olen laaksojen lilja.

Saaronin lilja on todellakin *lilja* (*havasselet*). *Havasselet* esiin-
tyy Raamatussa ainoastaan kaksi kertaa. Jesaja kirjoittaa: *Erä-*
maa ja hietikko iloitsee, aromaa riemuitsee ja kukoistaa kuin
lilja. (*Jes. 35:1*) Vaikuttaa siltä, että kääntäjät puhuvat kukka-
sesta tai ruususta sen tähden, että alkutekstissä on kaksi eri
212

heprean sanaa. Oleellista on kuitenkin tässä yhtydessä se, että molemmat sanat ovat liljoja. Siksi ne tulee myös kääntää liljoiksi. Sillä sitä ne sanat ainoastaan tarkoittavat. Ja Laulujen Laulun melodia sen myös myöhemmin vahvistaa.

Ylkä morsiamelle

2:2 Niin kuin lilja orjantappurain keskellä, niin on minun armaani neitosten keskellä.

Morsian Yljälle

2:3a Niin kuin omenapuu metsäpuitten keskellä, niin on minun rakkaani nuorukaisten keskellä.

Ylkä maksaa morsiamen hinnan

Morsian Yljälle

2:3b Minä halajan istua sen varjossa, ja sen hedelmä on minun suussani makea.

Morsian

2:4 Hän on vienyt minut viinimajaan; rakkaus on hänen lippunsa minun ylläni.

Liljaprosessin tie

Morsian

2:5 Vahvistakaa minua rypälekakuilla, virvoittakaa minua omenilla, sillä minä olen rakkaudesta sairas.

Morsian

2:6 Hänen vasen kätensä on minun pääni alla, ja hänen oikea kätensä halaa minua.

Morsian Jerusalemin tyttärille

2:7 Minä vannotan teitä, te Jerusalemin tyttäret, gasellien tai kedon peurojen kautta: älkää *häiritkö*, älkää häiritkö rakkautta, ennen kuin se itse haluaa.

"Älkää herätelkö (`wr ), älkää *häiritkö* ( `wr) rakkautta (*ahava*)". Tässä säkeessä verbi `wr mainitaan kaksi kertaa. Ja verbi tarkoittaa kyllä häiritä ja herättää. "Herättää" käännössana ei kuitenkaan sovi tähän yhteyteen melodian takia. *Ahava*-rakkauden läsnäolo merkitsee Hyvää Paimenta, joka ohjaa morsiamen liljaprosessin päätösvaihetta. Hyvää Paimenta ei tarvitse herätellä. Mutta hänen työtään hiljaisuudessa oman itsekkään lihan tunnistamiseksi ei saa häiritä. Niin kuin tekstin verbi `wr mainitaan kaksi kertaa, niin on myös paikallaan sanoa kaksi kertaa painokkaasti Jerusalemin tyttärille: "Älkää häiritkö, **älkää häiritkö!**" Hyvä Paimen tietää, milloin morsian on valmis hylkäämään lihallisen elämänsä. Silloin Hyvä Paimen kutsuu Yljän.

Ylkä saapuu pukemaan morsiamen hääasuun

Morsian

2:8 Kuule! Rakkaani tulee! Katso, tuolla hän tulee hyppien vuorilla, kiitäen kukkuloilla.
2:9a Rakkaani on gasellin kaltainen tai nuoren peuran.

Morsian

2:9b Katso, tuolla hän seisoo seinämme takana, katsellen *ikkunoista* sisään, *kutsuen liikkeelle piilopaikoista.*

Ikkuna on alkukielessä monikossa. On kysymys morsiamen sielun ja hengen heräämisestä. Hän on siirtymässä sisälle temppelin pyhään. Ikkunat voidaan ymmärtää hänen aisteikseen, jotka avautuvat nyt hengelliseen Jumalan valtakuntaan. Hän alkaa

214

ymmärtää hengelliset hengellisesti: hengelliset silmät avautuvat näkemään, korvat kuulemaan. Kristuksen tuoksut tavoittavat morsiamen tietoisuuden kevään puhkeavassa kukkaloistossa.

Jeesuksen kutsua piilopaikoista on käsitelty jo tekstin yhteydessä varsin perusteellisesti.

Huomattakoon kuitenkin vielä ajallisesti, että jakeet 2:9b ja 2:14 kuuluvat yhteen. Näiden jakeiden väliin jää ainoastaan Jeesuksen kutsu morsiamelle lähteä jälleen liikkeelle: "Nouse, armaani, sinä kaunoiseni, ja tule." Liljaprosessinsa hiljaisessa vaiheessa morsian on kätkeytynyt Kristukseen, Kristus-kallion koloihin ja viimein pengermille noustessaan Ylkää vastaan.

Jeesuksen vertauksessa kymmenestä neitsyestä viisaat neitsyet laittavat lamppujaan kuntoon – öljy virtaa astioista lamppuihin. Morsian on Jeesus-tien neljännellä portilla siirtymässä sisälle Temppelin pyhään, sisälle Jumalan valtakuntaa

Kutsu morsiusprosessiin

Morsian
2:10 Rakkaani lausuu ja sanoo minulle:
Ylkä morsiamelle
"Nouse, armaani, sinä kaunoiseni, ja tule."
2:11 Sillä katso, talvi on väistynyt, sateet ovat ohitse, ovat menneet menojaan.
Ylkä morsiamelle
2:12 Kukkaset ovat puhjenneet maahan, laulun aika on tullut, ja metsäkyyhkysen ääni kuuluu maassamme.
Ylkä morsiamelle
2:13 Viikunapuu tekee keväthedelmää, viiniköynnökset ovat kukassa ja tuoksuavat. Nouse, armaani, sinä kaunoiseni, ja tule.

Hääasuun pukeutuminen alkaa

Ylkä morsiamelle

2:14 Kyyhkyseni, joka piilet kallionkoloissa, vuorenpengermillä anna minun nähdä kasvosi, anna minun kuulla äänesi, sillä suloinen on sinun äänesi, ja ihanat ovat sinun kasvosi.

Morsian ja Ylkä

2:15 Ottakaamme ketut kiinni, pienet ketut, jotka viinitarhoja turmelevat, sillä viinitarhamme ovat kukassa.

Morsian

2:16 Rakkaani on minun, ja minä hänen – hänen, joka paimentaa liljojen keskellä.

3. Luku

Tulikaste: Kihlauksen vahvistaminen liitoksi

Morsian Yljälle

2:17 Kunnes päivä viilenee ja varjot pakenevat, kiertele, rakkaani, kuin gaselli, kuin nuori peura tuoksuisilla vuorilla.

Morsian

3:1 Yöllä minä vuoteellani etsin häntä, jota minun sieluni rakastaa, minä etsin, mutta en löytänyt häntä.

Morsian

3:2 Minä nousen ja kiertelen kaupunkia, katuja ja toreja, etsin häntä, jota minun sieluni rakastaa. Minä etsin, mutta en löytänyt häntä.

Morsian kohtaa uskonnollisen maailman

Morsian

3:3 Kohtasivat minut vartijat, jotka kaupunkia kiertävät. "Oletteko nähneet häntä, jota minun sieluni rakastaa?"

Morsian sitoutuu liittoon

Morsian

3:4 Tuskin olin kulkenut heidän ohitsensa, kun löysin hänet, jota minun sieluni rakastaa; minä tartuin häneen enkä hellittänyt hänestä, ennen kuin olin saattanut hänet äitini taloon, kantajani kammioon.

Morsian

3:5 Minä vannotan teitä, te Jerusalemin tyttäret, gasellien tai kedon peurojen kautta; älkää *häiritkö*, älkää häiritkö rakkautta, ennen kuin se itse haluaa.

Morsian saapuu hääasuun pukeutuneena

Jerusalemin tyttäret morsiamelle
3:6 *Kuka* tuolta tulee erämaasta kuin savupatsaat, tuoksuten mirhalta ja suitsukkeelta, kaikkinaisilta kauppiaan hajujauheilta?

Jae alkaa interrogatiivipronomilla *mii*. Pronomini tarkoittaa henkilöä: ei *mikä* vaan *kuka*. Erämaasta saapuu hääasuun puettu, tuoksujen ympäröimä, morsian.

Hääasun tarkastelua

Ylkä Morsiamelle ja Jerusalemin tyttärille
3:7 Katso, siinä on Salomon kantotuoli ja sen ympärillä kuusikymmentä urhoa, Israelin urhoja,

3:8 kaikki miekkamiehiä, sotaan harjoitettuja; jokaisella on miekka kupeellansa öitten kauhuja vastaan.

Ylkä Morsiamelle ja Jerusalemin tyttärille

3:9 Kuningas Salomo *teki* itsellensä kantotuolin Libanonin puista.

Kuningas Salomo teetti varmasti muilla kantotuolinsa ja kilpakärrynsä. Mutta Laulujen Laulussa Salomo tarkoittaa Jeesusta Kristusta. Hän on Ylkä. Ja Ylkä on Hyvänä Paimenena tehnyt itse kantotuolinsa, pukenut morsiamen itseänsä varten.

3:10 *Sen pilarit hän teki hopeasta, sen istuimen kullasta, sen istuintyynyt purppurasta; sisältä sen koristeli rakkaus Jerusalemin tyttäriä varten.*

Tämän jakeen tarkennuksessa on tukeuduttu KJV:oon, joka tulkitsee uskottavalla tavalla alkukielen harvoin käytettyjä sanoja. Kyseinen käännös myötäilee myös kantotuolin sisäistä rakennetta ja on sopusoinnussa Laulujen Laulun melodian kanssa: istuimen kulta ja istuintyynyjen purppura: *the bottom thereof of gold, the covering of it of purple.*

Hepreankielen sana *refida* (istuin) on sanan ainoa maninta Raamatussa. Niinpä sen merkitystä joudumme etsimään kantaverbistä *rpd. Rpd* tarkoittaa "maaperän kyntämistä auki" (Job 41:21) ja "vuoteen levittämistä" (Job 17:18). Verbi esiintyi Laulujen Laulussa liljaprosessin yhteydessä (2:5) – kyntäkää lihan maaperä auki. Tämä tarkoittaa syvimpien tarkoitusperien tarkistamista ja hengellisen elämän lähteille etsiytymistä. Tätä prosessia edustaa kantotuolin istuin ja Jobin mainitsema vuode. KJV käyttää sanaa *bottom* – pohja, perustus, istuintuoli.

Suomalainen käännös puhuu purppuraistuimesta? Alkukielen käyttämä harvinainen sana *märkav* tarkoittaa satulaa, pehmeää istuinta. Tiedämme, että purppuran valmistusprosessi myötäilee morsiusprosessia. KJV käyttää sanaa *cover* – päällinen, peite. Kultainen istuin on näin ollen peitetty purppuratyynyin: istuintyyny, selkätyyny, käsityynyt ja jalkatyyny. Ja tämä purppuraistuin on varattu Jeesuksen Kristuksen valtaistuimeksi morsiamen sydämessä. Tällaisen morsiamen, kantotuolin, Kuningas Salomo on valmistanut itselleen.

Ahava-rakkaus on kaiverrettu morsiamen sydämen seinämiin Jerusalemin tyttäriä varten. Heidät hän kohtaakin heti seuraavassa jakeessa.

Morsian kutsuu morsiusneidot hääjuhlaansa

Morsian Jerusalemin tyttärille
3:11 Tulkaa ulos, Siionin tyttäret, ja katsokaa kuningas Salomoa *kruunussaan*, jolla hänen äitinsä hänet kruunasi hänen hääpäivänänsä, hänen sydämensä ilonpäivänä.

Kruunussaan on sanatarkka käännös. Alkukielessä kruunuun liittyvä prepositio *bet* tarkoittaa inessiiviä eli sisäolentoa. Käännökset käyttävät muotoja kruunuineen (*with*) tai kruununsa kanssa (*mit*). Tällöin katse kiinnittyy Laulujen Laulun mukaisesti Salomoon (Kristukseen Jeesukseen) eikä hänen kruunuunsa; vaikkakin kruunulla on tässä toiminnallisesti keskeinen sija. Vuoden 1933 suomalainen käännös muotoilee ajatuksen sanoin: *katsokaa kuningas Salomoa, katsokaa kruunua.*

4. Luku

Hääasuisen morsiamen ylistys

Ylkä morsiamelle

4:1 Katso, kaunis sinä olet, armaani; katso, kaunis sinä olet, silmäsi ovat kyyhkyläiset; huntusi takana sinun hiuksesi ovat kuin vuohilauma, joka laskeutuu Gileadin *vuorelta.*

Gileadin vuori on alkukielessä yksikössä ja tarkoittaa Ylkää, Jeesusta Kristusta.

Ylkä morsiamelle

4:2 Sinun hampaasi ovat kuin lauma kerittyjä lampaita, pesosta nousseita, *ne ovat kaikki kaksosia ei yhtään paritonta.*

Toinen käytetty käännösmuoto kertoo, että "kaikilla on kaksoset". Tätä vaihtoehtoa on vaikea selittää hengellisesti tässä yhteydessä; tuloksena olisi ylen suuri järjestäytymätön lammaslauma. Prosessin myötä, elävää sanaa pureskellen, hampaat hakeutuvat vastinpareiksi.

Ylkä morsiamelle

4:3 Kuin punainen nauha ovat sinun huulesi, ja suusi on suloinen; kuin granaattiomena, kypsyyttään halkeileva, on sinun ohimosi huntusi takana.

Ylkä morsiamelle

4:4 Sinun kaulasi on niin kuin Daavidin torni, linnaksi rakennettu; tuhat kilpeä riippuu siinä, urhojen varustuksia kaikkia.

Ylkä morsiamelle

4:5 Sinun rintasi ovat kuin kaksi nuorta peuraa, kuin gasellin kaksoset, jotka käyvät laitumella liljain keskellä.

Morsian siirtyy Yljän läsnäoloon

Morsian Yljälle

4:6 Siksi kunnes päivä viilenee ja varjot pakenevat, minä käyn mirhavuorelle ja suitsukekukkulalle.

Ylkä morsiamelle

4:7 Kaikin olet kaunis, armaani, ei ole sinussa ainoatakaan virhettä.

Hääkulkue lähtee morsiamen kotoa häätaloon

Ylkä morsiamelle

4:8 Tule kanssani Libanonilta, sinä morsiameni, tule kanssani Libanonilta. Lähde pois Amanan huipulta, Senirin ja Hermonin huipuilta, leijonain leposijoilta ja pantterien vuorilta.

Ylkä morsiamelle

4:9 Olet lumonnut minut, siskoni, morsiameni lumonnut minut yhdellä ainoalla silmäykselläsi, yhdellä ainoalla kaulakoristeesi käädyllä.

Ylkä morsiamelle

4:10 Kuinka ihana onkaan sinun rakkautesi, siskoni, morsiameni! Kuinka paljon suloisempi viiniä on sinun rakkautesi. Suloisempi kaikkia balsameja on sinun voiteittesi tuoksu!

Ylkä morsiamelle

4:11 Sinun huulesi tiukkuvat hunajaa, morsiameni; mesi ja maito on sinun kielesi alla. Sinun vaatteittesi tuoksu on kuin Libanonin tuoksu.

Morsian morsiuskammiossa

Ylkä morsiamelle

4:12 Suljettu yrttitarha on siskoni, morsiameni, suljettu kaivo, lukittu lähde.

Ylkä morsiamelle

4:13 Sinä versot kuin paratiisi, jossa on granaattiomenia ynnä kalliita hedelmiä; koofer-kukkia ja narduksia.

Ylkä morsiamelle

4:14 Nardusta ja sahramia, kalmoruokoa ja kanelia ynnä kaikkinaisia suitsukepuita, mirhaa ja aloeta ynnä kaikkinaisia parhaita balsamikasveja.

Ylkä morsiamelle

4:15 Sinä olet yrttitarhojen lähde, elävien vetten kaivo, Libanonilta virtaavaisten.

Morsian Yljälle

4:16 ”Heräjä, pohjatuuli, tule, etelätuuli; puhalla yrttitarhaani, että sen balsamituoksut tulvahtaisivat. Tulkoon puutarhaansa rakkaani ja syököön sen kalliita hedelmiä.”

LIITE 3

Kansikuvan aiheena on Jeesuksen paluu (Ap.t. 1:11).

Sieviläinen Riku Kekki sai taannoin näyn kortista, jossa Jeesus palaa pilvissä takaisin. Näyssä kortille annettiin nimi "Kutsukortti Karitsan häihin"

Miksi kyseinen kuva on myös tämän kirjan kannessa?

Laulujen Laulun selitys- ja tutkimustyö oli valmistumassa samaan aikaan painokuntoon, kun Kekki sai näyn kortista. Jos me saamme kutsun Karitsan häihin, niin siitä seuraa luonnollinen kysymys: "Miten minä omalla kohdallani valmistaudun, niin että olen kelvollinen häävieras – itse asiassa morsian, Karitsan vaimo?" Totesimme Rikun ja kustantajan kanssa, että morsiuslauluksi avautunut Laulujen Laulu on juuri oikea-aikaisesti annettu morsiussieluille hääasuun pukeutumista varten.

Meidän tulee muistaa, mitä Jeesus sanoi "kuninkaan pojan häiden" yhteydessä (Matt. 22:1–14), kun yksi vierasta pyrki hääjuhlaan omissa vaatteissansa. Kyseinen vieras tuli torjutuksi ja häpeällä karkotetuksi. Jeesus sanoi tuolloin: *"Monet ovat kutsutut, mutta harvat valitut."* Kutsutut ovat uudestisyntyneitä, ja morsiussielut, jotka valmistautuvat häihin, ovat valittuja.

Seuraavassa Riku kertoo itse, kuinka hän sai näkynä "Kutsukortin Karitsan häihin":

Noin vuosi sitten (11.05.2019) heräsin sohvalta yöllä kello 1.11. Ajattelin, että haluaako Jumala puhua jotakin sanansa kautta. Raamattuaukesi Ap.t. 1:11. Siinä sanotaan: *Galilean miehet, mitä te seisotte ja katsotte taivaalle? Tämä Jeesus, joka otettiin teiltä ylös taivaaseen, on tuleva samalla tavalla, kuin te näitte hänen taivaaseen menevän.* Tämän jälkeen menin sänkyyn ja heräsin kolmen aikaan yöllä. Kun aukaisin silmäni, näin peilikirkkaan näyn: Siinä oli suuri kortti, jossa oli otsikko:

Kutsukortti Karitsan häihin. Ja siinä oli kuva, jossa Jeesus oli pilvien keskellä. Aamulla Jumala puhui henkeeni, että "näitä kortteja tulee tehdä paljon ja niitä tulee jakaa monille – **ja tällä asialla on kiire!**"

Piirsin näyn pahvikortille ja kirjoitin tekstit ja Raamatun paikat. Aloin askarrella kortteja leikkaamalla ja liimaamalla. Totesin, että liian hidasta hommaa, en mitenkään saa tehtyä kortteja paljon ja nopeasti. Kävin kunnantalolla monistamassa kortteja, mutta hidasta se oli vieläkin, eivätkä minun rahani riittäneet suureen määrään.

Sitten alkoi Jumalan suunnitelma mennä eteenpäin. Samppa Lajunen soitti ja kyseli kuulumisia. Kerroin hänelle näystä. Samppa sanoi, että aletaan painaa kortteja; hän hoitaa kaikki kulut. Samppa oli saanut edellisenä päivänä äidiltään kutsukortin kirkon kevätjuhlaan. Kortin yläreunassa oli teksti Ap.t. 1:11.

Muutamia päiviä myöhemmin pysähdyin Lapuan ABC:lle syömään. Kun olin menossa sisälle, niin en päässytkään; oli kuin olisin näkymättömään seinään kävellyt. Ajattelin mennä nyt Shellille. Pöydässä istui mies. Kysyin, saanko istua tähän syömään? Kohta mies sanoi, että haluaisi rukoilla puolestani. Hän rukoili kielillä ja selitti saman tien: "Kutsukortti on minulta, saat julistaa, puhu rohkeasti tästä aiheesta, rukoile sairaitten puolesta." Kiitos Jumalalle, että hän vahvisti näin selvästi näyn olevan häneltä. Postipoika toi sitten eräänä päivänä kymmenen tuhatta korttia suoraa kotiovelle. Olen jakanut niitä kaduilla, pyöräteillä, uimahalleissa… Paksu pinkka on jäänyt seurakuntiin, joissa olen käynyt puhumassa aiheesta "Karitsan häät ja miten meidän tulee valmistautua niihin". Kyseiset kortit on tällä erää kohta jaettu. Moni on jo tunnustanut Jeesuksen Herrakseen kortinannon yhteydessä, kun olemme nokipannuporukalla olleet toreilla. Uskon, että Jumala tulee pelastamaan vielä monia tämän näyn kautta

Kaikki kiitos ja kunnia tästä kuuluu yksin Jumalalle. Herra siunatkoon sinua, joka tätä luet!

Sievissä 11.05.2020   Riku Kekki

Lisätietoja Kutsusta Karitsan häihin verkko-osoitteista:
www.karitsanhaat.fi ja www.weddingofthelamb.com

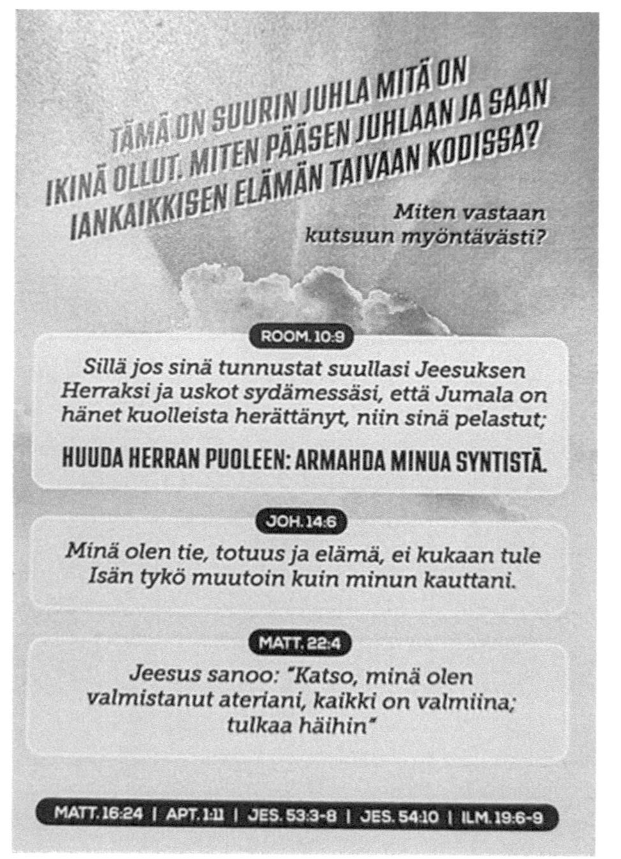